한국어 비서술성 명사의 논항 연구

한국어 비서술성 명사의 논항 연구

한국어 비서술성 명사의 논항 연구

권 진 홍

역락

추천의 글

　　권진홍 박사는 길림성 매하구시의 고성촌에서 태어났다. 그곳으로 말하면 만주 평원 중심지역으로 교통요지이기도 하다. 일찍 그의 선조들은 조선 경상도를 떠나 이곳에 정착하였던 것이다. 그는 매하구시 소속 산성진에서 조선족 중학교를 다녔다. 그때 집에 학교 다니는 형제들이 많아 대학 갈 엄두를 내지 못하고 대신 학비를 내지 않는 매하구사범학교의 조선족반에 진학했다. 매하구사범학교에는 열심히 공부하는 학생 한 명만이 추천받아 연변대학 조문학과에 들어가서 공부할 수 있다는 규정이 있었다. 경제난으로 대학교를 포기해야 했던 그에게는 이것이 대학교에 들어갈 수 있는 유일한 기회였다. 그래서 열심히 노력한 끝에 한 사람을 추천하는 데 뽑혀 대학 진학의 꿈을 이루게 되었다. 이렇게 권진홍은 1997년 9월 연변대학 조문학부에 입학하여 4년간의 학부생활을 끝내고 계속하여 석사과정을 3년간 끝내고 2004년 9월 조문학부 박사과정에 입학하였다. 대학원 생활을 하는 사이 꾸준히 학문을 탐구하여 우수한 석사논문을 썼고 이어서 박사논문 「한국어 비서술성 명사의 논항」을 썼다.

　　오늘 출판하는 이 책은 그의 박사논문을 다소 수정한 것이다. 대학공부를 하는 동안에도 가정형편은 여전히 좋아지지 않아 여러 가지로 힘든 일을 겪었다. 그러나 강인한 성격의 진홍이는 학부생 시절부터 대학원생까지의 공부를 이러한 여건 하에서도 이를 악물고 아무런 차질 없이 우수한 성적으로 끝냈다. 그의 강인한 성격과 외유내강의 의지는 끝내 좋은 결실을 가져왔다. 어언 학부생, 석사과정, 박사과정, 모두 10년이라는 세월이 흘러가는 동안 그는 각골분투의 나날을 보냈고 그러는 가운데 지식을 쌓아 왔으며, 끝내 박사학위까지 취득하게 되었다. 형제들도 모두들 자신의 소원대로 각자의 목표를 이루었다.

나는 권진홍의 박사 지도교수로서 새 시대에 닥쳐온 난관을 꿰뚫고 평범하면서도 평범하지 않는 환경에서 끝내 자기의 이상을 실현하는 길에서 성공한 권진홍과 같은 학생을 배양하게 된 데 대하여 긍지감과 자호감을 갖게 된다. 그리고 학문의 길을 걸으려는 그의 결심과 중국 대륙에서 한국어 후대양성에 힘 기울이는 그 기특한 모습에 감탄하게 된다. 중국의 개혁개방이 21세기 오늘에 이르러 경제발전의 위대한 기적을 창조하는 이 시각, 대졸생의 취직은 더더욱 어려운 시기에 진입했다. 이러한 급변하는 시기에 박사과정을 마친 권진홍은 이번에도 대담히 중국의 수도, 북경에 직접 진출하여 취직에 도전장을 던졌다. 그는 여러 가지 시험과 고찰을 거쳐 대학교사로 임직하게 되었다. 시골의 처녀애가 변강대학인 연변대학을 졸업하고 응시자들의 경쟁 속에서 북경연합대학 교사로 뽑혔던 것이다. 힘들게 진출한 북경, 그것도 대학 교단에서 그의 끈질긴 재능이 또다시 꽃펴나리라 믿으면서 대학교수로서의 권진홍의 앞날을 미리 축하하게 된다.

　이 책에서는 서술과 해석의 연구방법으로 촘스키의 변형생성 문법이론 등 현대문법이론을 배경으로 한국어 비서술성 명사의 논항을 논하였다. 목전, 중국의 한국어학계에서는 한국어 논항에 대한 연구는 비교적 박약한바, 더욱이 논항의 측면에서 비서술성 명사의 논항을 논한 논문은 별로 없었다. 본서는 우선 비서술성 명사도 논항을 가질 수 있음을 긍정하고 명사 속에서의 논항의 실현정황을 고찰하면서 비서술성 명사의 의미역 체계를 논증하였다.

　논문은 일정한 연구 성과를 보여주면서도 앞으로 해결해야 될 일부 문제점들을 제시하고 있다. 희망컨대 권진홍 박사가 이러한 문제점들을 계속 착실히 풀어 나갈 수 있기를 기대해 본다.

　이 책이 서울에서 출판되는 기회를 빌려 첫 작품이 출판되는 기쁨을 권진홍 박사와 함께 나누고 싶다.

　이 책의 출판에 여러모로 도움을 주시고 출판을 선뜻이 맡아주신 도서출판 역락에도 감사의 인사를 드린다.

2010년 4월 8일

이 득 춘

서문

언어에서 제일 중요한 것은 명사와 동사이고 통사구조의 중심은 명사와 동사의 결합이다. 모든 명사는 동사와 결합할 수 있는데 운동적 의미, 변화적 의미를 나타내는 것은 동사이다. 운동성이 기본적 특징인 동사는 동작을 진행하는 데 필요한 행위주역, 동작을 받는 대상역, 동작이 진행되는 장소역, 동작을 진행하는 데 필요한 도구역 등등이 필수불가결한 요소로 나타나야 하므로 동사가 논항을 취하는 사실은 이미 잘 알려져 왔다. 하지만 사물의 이름을 나타내는 명사는 기본적으로 정태적인 것으로 이해되며 동사처럼 논항의 필요성이 확연하게 드러나지 않는다. 그러나 운동은 사물의 본질적 속성이기 때문에 명사에는 운동적 의미가 잠재되어 있다. 혹은 명사의 운동의미를 잠재적인 의미범주라 할 수 있다. 예하면 '감정'은 감정의 소유자 즉 감정을 주는 행위주역과 그 감정을 받는 대상역을 연상시킨다.

용언 서술어의 논항구조와 투사범주의 구조 역시 대단히 중요한 연구주제이지만, 용언서술어의 논항 및 부가어로 출현하는 명사구의 구조를 파악하는 것 또한 중요한 과제이다.

명사가 논항을 취하는 사실도 이젠 받아들여지고 있으며 간간히 그 연구 성과들도 찾아볼 수 있다. 하지만 명사구의 내적구조 및 명사구 내부의 논항 실현 양상에 대한 기본 연구는 양적으로 아주 빈약하다. 비서술성 명사의 논항구조에 대한 연구는 더욱더 적다.

본서는 박사학위 논문 「한국어 비서술성명사의 논항」을 새로 수정하고 보충하여 완성한 것이다. 본서의 상당 부분에서 생성문법의 개념과 문법원리들을 이용하였다.

필자는 기존연구에 기초하여 국립국어연구원에서 발간한 '현대 국어 사용 빈도 조사(2002)'에 수록된 명사 중에서 빈도순으로 1,000항목을 추출하여 서술성 명사와 비서술성 명사로 분류하였고 그 비서술성 명사를 연구 대상으로 하였다.

본서에서는 비서술성 명사의 논항표지, 의미역 구축, 통사실현 양상 및 인지적 해석 등에 대한 연구를 진행하면서 비서술성 명사의 논항구조에 대해 구체적인 논의를 하였다.

처음으로 책을 내는 오늘, 이 장을 빌려 꼭 감사드려야 하고 또 감사드리고 싶은 분들이 계신다.

나의 박사 지도교수이신 이득춘 교수님(우리 제자들은 '아바이'라고 부름)께 감사드린다. 늘 제자들을 한 품에 안으시고 하나하나 잘 챙겨주시는 우리 선생님이시다. 가끔 같이 식사 자리가 있을 때마다 "너희 밥은 배불리 먹니? 오늘 많이 먹어."라고 하신다. 그리고 또 "너희 숙사에 먹을 것도 없는데 이거 좀 싸서 가."라고 하신다. 학자로서의 학식도, 한 인간으로서의 인품도 제자들의 본보기로 손색이 없는 분을 지도교수님으로 모실 수 있는 행운을 내가 가진 것이다.

　이득춘 교수님의 제자라는 말만 듣고 안면도 잘 모르는 나의 논문을 책으로 발간하는 데 흔쾌히 응낙해 주신 도서출판 역락 이대현 사장님께 감사드린다. 그리고 나의 책을 발간하는 현장에서 수고하시는 권분옥 팀장님과 출판사 모든 식구들께도 감사드린다.

　오늘 이 책이 발간할 수 있었던 것은 많은 분들의 도움 덕분이다. 내가 성장하는 길에 도움을 주신 모든 분들께 감사를 드린다.

2010년 5월 15일

권 진 홍

차례

제1장

서론

1.1. 연구 목적

언어에서 제일 중요한 것은 명사와 동사이고 통사구조의 중심은 명사와 동사의 결합이다. 모든 명사는 동사와 결합할 수 있는데 운동적 의미, 변화적 의미를 나타내는 것은 동사이다. 운동성이 기본적 특징인 동사는 동작을 진행하는 행위주역, 동작을 받는 대상역, 동작이 진행되는 장소역, 동작을 진행하는 데 필요한 도구역 등등이 필수불가결한 요소로 나타나야 하므로 동사가 논항을 취하는 사실은 이미 잘 알려져 왔다. 하지만 사물의 이름을 나타내는 명사는 기본적으로 정태적인 것으로 이해되며 동사처럼 논항의 필요성이 확연하게 드러나지 않는다. 그러나 운동은 사물의 본질적 속성이기 때문에 명사에는 운동적 의미가 잠재되어 있다. 혹은 명사의 운동의미를 잠재적인 의미범주라 할 수 있다. 예하면 '감정'은 감정의 소유자 즉 감정을 주는 행위주역과 그 감정을 받는 대상역을 연상시킨다.

또한 명사가 지시하는 사물은 운동적 의미 외에도 그 심층에는 일정한 속성적 의미가 잠재되어 있고 연상적 의미도 있다. 때문에 명사는 사람들로 하여금 그것이 표시하는 사물을 생각나게 하는 동시에 그 사물이 어떤 동작을 할 수 있고, 어떤 동작의 도구로 되는가를 연상하게 하며 어떤 구성요소를 갖고 있고 또 어떤 주체의 구성요소인가를 연상하게 한다. 예하면 '손'은 '들고, 잡고, 쓰고…' 등등의 동작을 연상시킬 수 있는가 하면 또 '손'의 소유자인 '사람'을 연상시킨다.

명사가 논항을 취하는 사실은 동사가 논항을 취하는 사실보다 덜 알려져 있지만, 최근에는 거의 상식처럼 받아들여지고 있다.1) 물론 명사의 논항은 동사의 논항보다 필수성의 정도가 현저히 떨어진다. 그러나 명사와 동사의 논항구조에 본질적인 차이는 없다. 그러므로 명사구에서 핵 명사의 논항성분이 어떻게 실현되는지를 밝히는 일 역시 연구의 가치가 있다.

본 연구는 비서술성 명사가 논항을 취하여 이루는 명사구 구성에 대한 종합적인 고찰을 목표로 한다. 서술성 명사뿐만 아니라 비서술성 명사도 동사와 마찬가지로 논항을 지닐 수 있음을 확인하고, 비서술성 명사의 논항구조의 모습을 파악한 후 논항구조 속의 논항들이 명사구 내부에서 어떻게 실현되는지를 살펴보는 것이 연구의 목적이다.

명사구는 동사구, 곧 용언 서술어의 투사체에 못지않은 중요한 연구 주제이다. 용언 서술어의 논항구조와 투사범주의 구조 역시 대단히 중요한 연구주제이지만, 용언 서술어 투사 범주속의 논항 및 부가어구의 내부통사 표상을 그리는 일 역시 그에 못지않은 중요성을 지니는데 용

---

1) 한국에서의 논의로는 김병일(2000), 김용하(1990), 최경봉(1995, 1998), 박호관(2001), 서정목(1998), 임홍빈(1999나), 임홍빈·이홍식 외(2002), 이호승(2002) 등을 들 수 있다(이선웅, 2004에서 재인용).

언서술어의 논항 및 부가어는 대부분 명사로 실현되기 때문에 결국 명사구의 구조를 총체적으로 파악하지 않고는 어떤 문장도 제대로 분석하였다고 할 수 없다.

명사구의 내적구조 및 명사구 내부의 논항 실현 양상에 대한 기존 연구는 양적으로도 용언이 형성하는 서술어구에 대한 연구에 비해 빈약함을 면치 못하고 있다. 물론 명사구와 관련된 기존 업적들이 적다고 할 수 없지만 그 내용을 자세히 살펴보면 대부분 격 실현 양상, 격의 의미, 보조사의 의미 등 형태 혹은 의미 문제만 천착하거나, 격 중출문, 명사구 보문 및 명사구 수식 관형절 등에 대한 연구임을 확인할 수 있다. 본격적으로 명사구의 내적구조를 다룬 업적은 드문 것이다.

특히 명사구 내부에 대한 통사론적 연구들 중에서도 명사구의 통사구조를 파악하고 통사표상을 그린 업적은 간간히 찾아볼 수 있으나 명사의 논항 구조와 논항 실현 양상에 대한 논의는 겨우 한두 편에 지나지 않는다. 그리고 거의가 서술성 명사의 논항구조에 대한 논의일 뿐 비서술성 명사의 논항구조에 대한 논의는 가끔 스치고 지났을 뿐이다. 이러한 실정은 본 연구와 같은 논의가 시급히 필요함을 말해준다.

이 책에서 다루려고 하는 대상은 비서술성 명사가 자신의 논항을 취하여 이루어진 명사구이다.

1.2. 연구 방법

언어학은 실용적 과학이므로 언어이론도 실용적 가치를 감안하여야 한다. 이러한 각도에서 볼 때 언어연구는 방법론적 선택에서 실용성 원칙을 중요시해야 한다. 실용주의(pragmatism)는 20세기 언어학에서 경험주의(empiricism)와 이성주의(rationalism) 2대 학술사조의 격렬한 논쟁에 대한 융합의 산물이라고 볼 수 있다. 이성주의는 유심주의적 색채를 갖지만 경험주의는 유물주의적 색채를 갖는다. 그러므로 실용주의는 변증법 관점에 더 어울린다 하겠다.2)3)

본 연구는 명사구의 내부구조라는 통사적 실체를 다루고 있으나 일반적인 통사원리를 발견하는 것을 지향함은 물론 핵 명사의 어휘적 특수성을 발견하는 것도 지향한다. 원칙적으로 통사론은 하나하나의 어휘적 특성과 관련이 없는 일반화된 통사적 원리를 발견하는 것에 주안점을 둔다.

본 연구의 상당 부분에서 생성문법의 개념과 문법 원리들을 이용할 것이다. 생성문법 모형의 변모 속도가 너무 빨라서 어디까지 따라가야 하는가 하는 비판의 목소리가 한국어학계에 널리 퍼져 있다. 하지만 생성문법의 대전제는, 인간의 언어 사용은 무한하지만 그 사용을 가능케 해 주는 기본적인 능력은 유한하다고 보는 것이다. 유한한 규칙이나 원리로서 무한한 문장을 생성해낸다고 믿기 때문에, 그 유한한 '규칙'이나 '원리'를 찾는 것이 생성문법가들의 임무라 말할 수 있다. 생성문법 이론의 모형이 바뀔 때마다 새 모형을 따라 한국어 자료를 다루는 것은 바람직한 것은 아니지만 새로이 변모하는 이론에 둔감한 것 또한 올바른 태도가 아니라고 본다.

본 연구는 관찰과 기술이 연구의 주된 연구방법이라 할 수 있다. 명

---

2) 풍지위(馮志衛, 1996)는 경험주의적 방법과 이성주의적 방법을 결합시켜야 한다고 주장하면서 "자연언어처리는 풍부하고 다양한 지식의 지원이 필요한데 경험주의적 방법으로 정밀도가 높은 지식을 얻어야 할 뿐만 아니라 이성주의적 방법으로 정밀도가 낮은 지식을 얻어야 하기 때문"이라고 말한다.
3) 필옥덕(2004 : 29).

사구의 논항 실현 양상에 대한 기존 논의가 아주 적기 때문에 구체적인 실현 양상을 살피고 논의를 진행한다. 그리고 명사의 논항 실현이 이론적인 실현 양상과 실제적인 통사적 실현이 꼭 일치한 것은 아니다. 본 연구는 명사의 논항표지와 실제적인 통사실현 양상을 살펴보고 인지론적 해석으로 명사의 의미론적 논항과 통사실현 사이의 관계에 대한 연구를 진행할 것이다.

1.3. 선행 연구

문장의 주요골격은 명사구와 동사구가 이루기 때문에 국내외 통사론 문헌에 명사구와 관련된 논의는 무수히 많다. 그러나 그중 대부분은 엄밀히 말하면 명사구의 통사론이 아닌 문장의 통사론이라고 할 수 있다. 예를 들어 명사구 전체가 어떤 기능을 한다든가 명사구가 구조적으로 어떤 자리에서 실현되며 어떻게 어순 바꿈을 할 수 있는지 등에 대한 논의는 명사구 외부의 통사론인 것이다.

우리말 명사구의 내부구조에 대한 본격적 논의는 문법의 다른 분야에서보다 매우 출발이 늦었다고 할 수 있고 현재까지도 그 수효가 많지 않다.

명사구의 내적구조를 연구한 기존 논저들의 주된 관심사는 다양한 종류의 수식성분에 의한 확장구조 및 명사구의 통사구조 자체에 있었고, 명사구 내부에서의 핵 명사의 논항 실현 양상에 대한 연구는 미흡하였다.

임홍빈(1996나)은 명사구와 조사구에 대한 종합적인 고찰로서 두 구성을 유기적으로 설명하려고 시도한 업적이다. 특히 명사구의 내적 통사론과 관련하여 시사하는 바가 매우 많은 논의라고 할 수 있다. 이 논문에서는 '사건구조'를 상정하여 사건구조를 지닌 명사를 의미역구조를 지닌 술어명사보다 더 포괄적인 개념으로 설정한 후 그 명사 핵이 논항을 취해 지정어와 함께 명사구를 이루는 모습을 그리고 있다. 또 많든 적든 보충어의 수에 제한을 두지 않은 것은 그의 가변중간투사론, 온논항과 반논항 설정을 이론적인 전제로 삼는 것의 필연적인 결과라고 할 수 있다.

신선경(1999)은 최경봉(1995)에서 '논항관계 관형구성'이라고 지칭했던 것을 확장하여 '서술관계 명사 연결구성'이라는 개념을 도입하고 있다. 예컨대 '이불 세탁'과 같이 '이불'이 '세탁'의 논항인 경우뿐 아니라 '컴퓨터 세탁'과 같이 '컴퓨터'가 술어명사 '세탁'의 논항은 아니지만 '세탁'에 대해 특정한 의미역을 지닌 경우까지 포괄하는 개념이다.

그 논의에서는 선행명사가 후행명사와 통사적으로 얼마나 인접하여 있는가 하는 국부성 조건에 의해 '의'의 동반여부가 달리 결정된다고 주장하였다. 즉 '$N_1 + N_2$' 구성이 모두 N′ 교점 아래에 관할되어 있는 경우에는 '의'의 동반이 불가능하다고 하고 '사실의 확인'과 같은 구성에서 '사실'을 '확인'의 외부논항으로 상정하였다. 집합관계 명사구도 서술관계 명사구의 동일한 통사적 양상을 보인다고 주장하고는, 속격 표지 '의'는 명사구와 명사구의 수식관계를 확증하는 문법형태소라는 결론을 내리고 있다. 신선경(2001)에서는 대학생들을 대상으로 한 조사에서 '사실 확인'에 대응하는 문장은 '사실을 확인하다'이고 '사실의 확인'에 대응하는 문장은 '사실이 확인되다'와 같은 의식이 있었음을 제시하여 신선경(1999)의 주장을 좀 더 강화하였다.

이선웅(2004)은 우리말 명사구의 논항구조에 대한 첫 번째 전문연구라고 할 수 있다.

이선웅은 명사를 술어명사와 비술어명사로 나누고 주로 술어명사에 대해 논의를 하였다. 그리고 처음으로 비술어명사의 논항 실현 양상에 대해서도 약간한 논의를 하였다.

이선웅(2004)은 명사 역시 동사처럼 의미(개념)적으로나 통사(구조)적으로나 논항을 취하고 그 논항이 이루는 논항구조를 지닌다고 하면서 명사의 논항은 동사의 그것과는 달리 일반적으로 반논항의 성격을 지닌다고 했다. 명사의 논항이 이용할 수 있는 표지는 '의, 에 대한, 에 의한, (으)로 인한' 이렇게 한정되어 있다고 지적하였다.

이선웅(2004)은 술어 명사의 논항구조를 논의함에 있어서 한 단어가 의미가 다름에 따라 논항구조도 변함을 지적했지만 어느 기준에 맞추어 그 단어의 기본 논항구조를 설정할 것인가에 대해서는 논의하지 않았다. 그래서 '소리'는 그 '소리'를 내는 행위주역 논항, 그 '소리'를 하는 도달점역 논항, 그 '소리'의 내용역 논항이 필요하다고 하였다. 그러면서 또 세 개의 논항이 모두 실현된 '[?]*외국 기업들이 정부에 대한 한국에서 기업하기 어렵다는 소리'와 같은 구성은 거의 받아들일 수 없다고 지적하기도 했다(이선웅, 2004 : 132). 이선웅(2004)은 논항구조를 한 단어의 여러 의미항 중 어느 하나에 기준하여 기본 논항구조를 설정하지 않았던 것이다. 그래서 위와 같은 현상이 나타났으며 또 '아버지'는 '철수의 아버지'처럼 지시적 의미로 쓰이는 인간관계 명사일 경우와 은유적으로 쓰인 '음악의 아버지'처럼 의미가 성립되는 분야를 개념적으로 요구하는 경우 이렇게 최소한 둘 이상의 논항구조를 갖는다고 했다. 물론 모든 명사들을 그 의미에 따라 논항구조를 세부화 해줄 수 있다는 것은 좋은 현상이다. 하지만 많은 명사들은 의미항이 여러 개 있고, 또 실제 사용에서 단어들과의 통합에 따라 의미의 차이를 보일 수 있으므로 그에 따라 논항구조가 달라질 수 있다. 그리고 단어들의 기본적 의미의 연관성과는 상관없이 강제적으로 명사들을 이어주는 은유현상 등 실제 언어현상을 고려하면 의미에 따라 논항구조를 세부화 한다는 것은 너무 이상화에 가깝다고 하겠다. 또한 의미역은 의미해석에서 가장 중심이 되는 요소로서 심층구조와 그곳에 나타나는 어휘항목에 의하여 결정된다. 보다 구체적으로 말해서 의미역은 두 가지 요소 즉 문법기능(grammatical function)과 어휘항목의 본유적(本有的) 어휘특질에 의하여 결정된다.4) 필자는 논항구조를 설정함에 있어서 단어의 기본적 의미를 기준으로 하며 파생의미나 은유적 의미는 되도록 빼는 것이 좋지 않겠느냐고 생각한다. C. N. Leech(1981)도 의미를 7유형—개념적 의미, 내포적 의미, 문체적 의미, 정서적 의미, 반영적 의미, 연어적 의미, 주제적 의미—로 나누었는데 이 가운데 '개념적 의미'(conceptual meaning)를 가장 중심적·핵심적 의미로 들고 있다(이수련, 2001 : 103).

이 책에서는 비서술성 명사를 논항 수에 따라 분류하고 논항표지, 및 구체적인 논항의 통사적 실현 양상 및 논항생략 등에 대한 인지론적 해석으로 비술어명사에 대한 보다 체계적인 논의를 펼쳐보고자 한다.

1.4. 책의 구성

이 책은 모두 7개 부분으로 구성된다. 제1장은 서두부분이고 제2장은 서술성 명사와 비서술성 명사, 제3장은 논항에 따른 비서술성 명사

---

4) 양동휘·김용석·이홍배·임영재 공저(1991 : 84).

의 분류, 제4장은 논항표지, 제5장은 통사적 실현 양상, 제6장은 인지론적 해석, 제7장은 결론부분이다.

이 책의 연구대상은 비서술성 명사의 논항구조에 대한 논의이다. 서술성 명사와 비서술성 명사는 술어(述語) 사용 및 그 분류에 아직 쟁의가 많다. 그래서 연구대상의 범위에 대한 확정을 목적으로 2장에서는 서술성 명사와 비서술성 명사의 정의, 분류기준에 대한 기존 논의를 재분석한 다음 국립국어연구원에서 발간한 '현대 국어 사용 빈도 조사(2002)'에 수록된 명사 중에서 빈도순으로 1,000항목을 추출하여 기본 자료로 삼는다. 아울러 이 1,000항목을 분류기준에 따라 서술성 명사와 비서술성 명사로 분류한다.

3장에서는 '논항' 개념을 정의하고 내부논항, 외부논항, 보충어, 부가어 등 개념을 확실히 한 다음 2장에서 분류한 비서술성 명사를 다시 항가에 따라 1항명사와 2항명사로 분류한다. 비서술성 명사의 기본적 의미에 기준하여 그 명사가 개념적으로 꼭 필요한 성분을 논항으로 본다. 그래서 1항명사에는 부분명사, 친족명사, 속성명사, 위치명사가 포함된다. 여기에서 '앞, 뒤' 등 위치명사는 독립적으로 거의 사용될 수 없고 의존명사처럼 앞에 오는 단어에 대한 의존성이 다른 명사들보다 큰 것을 고려하여 분류만 하고 그 아래 논의에는 포함하지 않는다. 2항명사는 논항을 두 개 가지는 명사인데 정감·태도를 나타내는 명사, 견해·논점을 나타내는 명사, 작용·효과를 나타내는 명사, 방침·정책을 나타내는 명사 이렇게 네 가지로 분류했다.

논항은 일정한 표지에 의해 실현된다. 명사의 논항표지는 동사에 비하여 적을 뿐더러 비서술성 명사는 더 빈약하다.

4장에서는 비서술성 명사의 논항표지로 속격 표지 '-의', 속격 무표지, '-에 대한'에 대해 논의한다.

　　명사구에서 논항은 결코 4장에서 논의한 논항표지에 의해서만 실현되는 것이 아니다. 5장에서는 명사 논항의 통사적 실현 양상을 고찰해 본다. 5장에서는 1항명사와 형용사와의 결합, 1항명사와 자동사, 타동사와의 결합을 구체적으로 고찰하고 2항명사는 '관념 / 정감'을 나타내는 명사들을 예로 하여 구문들의 변환식들을 고찰한다.

　　6장에서는 1항명사, 2항명사의 인지적 해석을 시도해 보기로 한다. 항가문법과 인지언어학은 언어학 연구에서 새로이 뜨고 있는 이론들이다. 우리말 명사의 논항구조를 논의하면서 인지문법을 도입해보는 것은 명사구 연구에 있어서 새로운 시도이고 또 새로운 발견들이 있을지도 모른다는 기대도 해본다. 6장에서는 또 서술어의 논항으로 되고 있는 1항, 2항명사들의 생략과 그 의미활성을 고찰해본다.

　　7장은 결론부분으로서 앞의 논의에 대해 개괄함과 아울러 미해결 문제들에 대해 제시하려 한다.

서술성 명사와 비서술성 명사

서술성 명사와 비서술성 명사는 존재론적 의미영역에 따르면 일명 비실체성 명사와 실체성 명사라고도 할 수 있다. 한국어 명사에 대한 분류 작업은 최경봉(1996), 이병모(2001), 김인균(2002) 등에서 찾아볼 수 있는데 표현은 다르지만 모두 실체와 비실체로 이분하는 것으로 분류를 시도하였다. 먼저 의미에 따른 명사 분류에 대해 보기로 한다.

2.1. 명사의 의미에 따른 분류

명사를 의미 영역(semantic domain)에 따라 존재론적인 측면에서 분류하는 방법에 대해서는 Nida(1975)에서부터 살펴볼 수 있다. Nida (1975)는 모든 언어에 보편적이라고 판단한 4가지 의미 영역을 제시하고 있다. 이 4가지는 실체(entitis), 사건(events), 추상(abstracts), 관계

(relations)인데 각각의 예로 명사, 동사, 형용사·부사, 전치사 등을 제시하고 있다. 그리고 Nida(1975)는 이러한 4가지 분류 방식은 명사에도 그대로 적용될 수 있다고 보았다. 즉, 'stone'과 같은 실체명사, 'escape'와 같은 사건명사, 'heat'와 같은 추상명사, 그리고 'togetherness'와 같은 관계 명사가 있다고 본 것이다. 이러한 분류 방식은 다른 존재론적 어휘 분류에서도 거의 유사하게 나타난다. Lyons(1977 : 438-452)의 분류 방식도 이와 크게 다르지 않아서 어휘를 크게 실체(entities), 속성(quiatities), 활동(actions)으로 나누고 있는데, 여기서 활동은 사건(events)과 과정(process)을 모두 포괄하는 개념이다. 이것은 전통적인 문법적 분류인 명사, 형용사, 동사와 밀접한 관련을 맺고 있기는 하나 완벽하게 일치하는 것은 아니다. 오히려 이러한 분류는 의미적, 또는 존재론적인 분류일 뿐이고 이것들이 개별어휘에서 어떠한 품사로 실현되느냐는 별개의 문제라고 언급하고 있다. 또 그는 실체를 제1실체(first-order entities), 제2실체(second-order entities), 제3실체(third-order entities)로 분리하여 자세히 설명하고 있다. 제1실체는 시공간적으로 일정한 자리를 차지하고 있으며 공개적으로(publicly) 관찰 가능한 구체적 사물을 가리킨다. '사람', '동물', '탁자' 같은 전형적인 구상(具象)명사가 여기에 속한다. 제2실체와 제3실체는 전통적으로 추상명사에 속하는 것들이다. 이 중에서 제2실체는 시공간 속에 자리할 수 있으며 존재(exist)하는 것이 아니라 발생(take place)하는 것으로, 사건(events), 과정(processes), 상황(situations) 등을 포함한다. 반면 제3실체에는 명제(proposition), 이유(reason), 원리(theorem), 사실(fact) 등이 포함되는데 이들은 시간과 공간 밖에 있는 것으로 흔히 참과 거짓을 논하는 대상이 되는 것이다.

Nida(1975)의 논의와 Lyons(1977)의 논의를 종합하여 최경봉(1996)

은 '실체', '사건', '상태', '관계'의 네 가지로 명사의 대분류 범주를 설정하였다. 최경봉(1996)은 이 네 가지를 기본 범주로 삼되 이 네 가지에 동일한 지위를 부여하지는 않고 이들 사이에 다시 체계를 설정하였다. 그는 기본적으로 의미 영역은 존재 대상이 세계 내에서 차지하고 있는 영역이라고 바라보았다. 따라서 이러한 관점에서 가장 명확하게 위치를 점하고 있는 존재물, 즉 제1실체를 '실체'로 설정하고 나머지 세 부류는 이 존재물이 세계에서 존재하는 양식을 나타낸 것으로 보아 '양식'이라는 범주로 묶었다. '양식'은 다시 실체와 직접적인 관련성을 맺는 '사태'와 실체와 간접적인 관련성을 맺는 '관계'로 나누었으며, 사태는 다시 운동성이 있느냐 없느냐에 따라 '사건'과 '상태'로 분류하고 있다. 그의 분류를 도식화하면 다음과 같다.

```
┌ 실체
└ 양식 ┬ 사태 ┬ 사건
       │       └ 상태
       └ 관계
```

예를 덧붙여 제시하면 다음과 같다.

(1) **명사의 존재론적 의미 분류**
① 실체명사
  ㉠ 인간
```
┌ 그, 너, 누구, 우리, 자기… (인칭대명사)
├ 홍길동, 케네디, 이순신… (고유명사)
└ 사람, 학생, 아버지, 사장, 대통령, 국민, 남자, 노인… (보통명사)
```

ⓛ 사물

　ⓐ 공간물(범위 경계)

┌그곳, 여기, 어디… (공간대명사)

├백두산, 한강, 서울, 뉴욕, 고려, 인도… (고유명사)

└산, 들, 강, 하늘, 땅, 우주, 학교, 호텔, 운동장, 체육관, 도시, 정
　부, 국회, 대학, 단체, 가정… (보통명사)

　ⓑ 개체물(속성)

┌유정물　┌그것, 이것, 저것… (지시대명사)
│　　　　├메리, 쫑, 다롱이… (고유명사)
│　　　　└호랑이, 개, 말… (보통명사)
└무정물　┌그것, 이것, 저것… (지시대명사)
　　　　　├아폴로1호, 로미오와 줄리엣… (고유명사)
　　　　　└나무, 자동차, 책, 종이, 커피… (보통명사)

② 양식명사

㉠ 사태

　ⓐ 사건

┌운동, 비행, 곡예, 휴식, 잠, 걸음, 장사, 사업, 노력… (자동)
└결혼, 사랑, 공부, 감독, 건설, 게임, 전쟁, 인사… (타동)

　ⓑ 상태

┌성실, 건강, 추위, 더위, 홍수, 불편, 필요, 경향… (현상)
└값, 높이, 넓이, 규코, 예술, 기온, 사상, 문학… (추상)

㉡ 관계

㉠ 차원

┌봄, 내년, 때, 하루, 오늘, 아침, 과거, 마지막, 앞… (시간)
└위, 아래, 옆, 뒤, 가운데, 틈, 사이, 주변, 밖, 안… (공간)

　ⓑ 단위

┌하나, 셋, 일, 사, 첫째, 셋째… (수사)
└분, 마리, 명, 개, 권, 벌, 토막, 송이, 두름, 쌈… (분류사)

이병모(2001)에서는 최경봉(1996)이 인식의 대상인 존재에 바탕을 둔 분류 방법과 달리 존재를 인식하는 주체인 인간의 인식을 근거로 하여 명사를 하위 분류하는 방법으로 명사를 실체명사와 추상명사로 대별하고 추상명사는 일반 추상명사와 특수 추상명사로 나누었다. 실체명사는 시간적으로 모 시점에 위치하고 물리적으로 3차원의 공간에 위치하며 관찰이 가능한 명사이고, 일반 추상명사는 시간과 공간 안에 있으면서 '어떠하다, 어찌하다'는 특성을 지니는 명사와 공간과 시간 밖에 있는 추상적 존재를 나타내는 명사를 말한다. 그리고 특수 추상명사는 시간과 장소를 나타내는 위치명사와 인과적 관계를 나타내는 용어와 관련된 관계명사, 진위·확실성·가능성과 관련되는 화자의 심리적 태도를 드러내는 양상명사로 다시 분류한다. 이상의 명사의 인식론적 의미 분류를 예와 함께 제시하면 다음과 같다(의존명사는 무시한다, 김인균, 2005 : 72).

(2) 명사의 인식론적 의미 분류
① 실체명사
   ㉠ 사물 실체명사 : 책상, 연필, 얼굴, 산, 들, 공장, 운동장, 고향, 골짜기…
   ㉡ 사람 실체명사 : 선비, 학생, 김철수, 동생, 그녀, 사람, 사장, 아버지…

② 추상명사
   ㉠ 일반 추상명사
      ┌ 솜씨, 충성심, 철학, 사상, 업무, 법, 진, 선, 미, 사회, 예술, 기관, 신앙, 중심, 과정, 도리, 소설… (추상적 존재)
      └ 사랑, 헌신, 보도, 결혼, 복종, 연구, 건설, 게임, 거절, 대답, 전쟁, 건강, 부족, 풍부… (서술성)

    ⓛ 특수 추상명사
      ⓐ 위치 특수 추상명사
        ┌봄, 여름, 시간, 기간, 때, 어제, 정오, 새벽, 하순… (시간)
        └장소, 공간, 구석, 중앙, 곳, 옆, 밖, 밑, 끝, 앞, 가운데, 틈, 가
          장자리, 동쪽, 이북… (공간)
      ⓑ 관계 특수 추상명사 : 인과, 관계, 관련, 연관, 교섭, 연결, 인연,
        친분, 원인, 결과, 까닭, 이유, 탓…
      ⓒ 양상 특수 추상명사 : 의도, 단언, 현실, 필연, 가능, 우연, 진실,
        냉담, 곤란, 비겁, 자랑, 의미, 허락, 질문, 명령, 기원, 강조, 희
        망, 기대, 경향, 요청, 의심, 의문, 함의, 인식, 상상, 예측, 의지,
        단정, 분명, 확실, 정확…

김인균(2005)은 Lyons(1977), 최경봉(1998), 이병모(2001)의 명사 분류 논의를 바탕으로 아래와 같이 명사를 의미 분류하였다.

우선 명사는 [실체성]에 의해 실체명사와 비실체명사로 대별하고 실체명사를 [인간성]에 의해 사람명사와 사물명사로 분류한다. 비실체명사는 [추상적 실체성]에 의해 사태명사와 추상명사로 구분하고 다시 사태명사는 [동작성]에 의해 사건명사와 상태명사로, 추상명사는 [시·공간과의 관련성]에 의해 추상물명사와 위치명사로 하위 분류한다. 일부 예를 들어 보이면 다음과 같다.

(3) **명사의 의미 분류**
① 실체명사
    가. 사람명사 : 사람, 학생, 후보, 남자, 청년, 동생, 사장, 노인, 대통
      령, 국민, 군중, 의사, 군인, 미녀, 어머니, 손자, 녀석, 놈…
    나. 사물명사 : 책상, 연필, 얼굴, 종이, 흙, 들, 공장, 운동장, 정부,
      국회, 식당, 도시, 마을, 고향, 골짜기, 나라, 손바닥, 논, 무대…

② 비실체명사

　가. 사건명사 : 사랑, 헌신, 보도, 결혼, 복종, 연구, 건설, 게임, 거절, 대답, 전쟁, 취직, 변모, 변질, 운동, 비행, 휴식, 희망, 이해, 걱정, 계획, 결심, 노력, 강조, 과장, 고발, 동의, 인식, 이해, 원망, 자랑…

　나. 상태명사 : 건강, 부족, 불편, 불행, 성실, 필요, 무능력, 평안, 정직, 요란, 친절, 얌전, 청결, 공평, 고독…

　다. 추상물명사 : 철학, 정신, 사상, 업무, 법, 참, 거짓, 미, 예술, 자연, 기온, 날씨, 역사, 관점, 경향, 자유, 분위기, 성격, 환경, 구조, 기준, 신앙, 과정, 소설, 마음, 상태, 상황, 명제, 개념, 사회, 문학, 가치, 사실, 소문, 이유, 결과, 문제, 증거, 양, 질, 수효, 순서, 길이, 부피…

　라. 위치명사 : 봄, 가을, 내년, 과거, 때, 시간, 하루, 새벽, 오전, 오늘, 하순, 무렵, 동안, 마지막, 말, 초, 공간, 구석, 위, 옆, 밖, 밑, 끝, 가운데, 주변, 사이, 틈, 전, 후, 곳…

　이처럼 위에서 볼 수 있듯이 최경봉(1996), 이병모(2001), 김인균(2002) 등에서는 명사를 분류할 때 대분류에서는 Nida(1975), Lyons(1977) 등에서부터 많은 논의가 있어 온 존재론적인 방식을 따라 용어상의 차이는 있지만 대체로 상위 분류에서는 실체명사와 비실체명사로 이분하였다. 하위 분류에서는 약간의 차이가 있다. 최경봉(1996), 이병모(2001), 김인균(2002) 등에서 설정한 '실체'는 대체로 비슷한 개념이다. 여기서의 '실체'는 Lyons(1977)의 제1실체에 대응하는, 시공간상에 자리를 잡고 있는 구체물만을 가리킨다.

　이병모(2001), 김인균(2002)에서는 추상적인 존재물을 하나의 유형으로 상정하였다. 이병모(2001)는 이를 '일반 추상명사'의 하위부류로 다루며 "시간과 공간 밖에 있는 추상적 존재"라고 설명하고 있다. 김인균(2002)도 '비실체'의 하위 분류로 '추상'을 설정하고 그 아래 다시 '추상물'을 설정하고 있다. '시, 소설, 철학, 예술, 문학, 사상, 신앙, 법, 진, 선, 미' 등이 이 범주에 속하는 단어들로 제시되어 있는데 이는 양쪽 모두에서 공통적으로 나타나는 것이다. 반면 최경봉(1996)은 추상적 존재물을 별도의 범주로 설정하지 않았다. 최경봉(1996)에서는 '시, 소설' 부류는 '나무, 돌'과 같은 '무정물' 유형에 넣고 '철학, 예술, 문학' 등은 '상태'의 하위 유형으로 분류하고 있다. 하지만 이러한 부류의 명사를 '상태'로 분류하는 것은 그 자신의 대분류 원칙에 어긋난다. 최경봉(1996)은 '상태'가 '양식'의 하위 유형이고 '양식'은 존재물의 존재 양식이라고 기술했음에도 불구하고 위에 제시한 명사들은 그 자체가 존재물이지 결코 존재 양식이 아닌 명사들을 제시하였던 것이다.

이운영(2004)에서는 한국어 다의성 명사의 고찰 결과를 종합하여 '실체', '사건', '현상', '위치'라는 네 범주를 명사의 대분류 범주로 설정하였다.

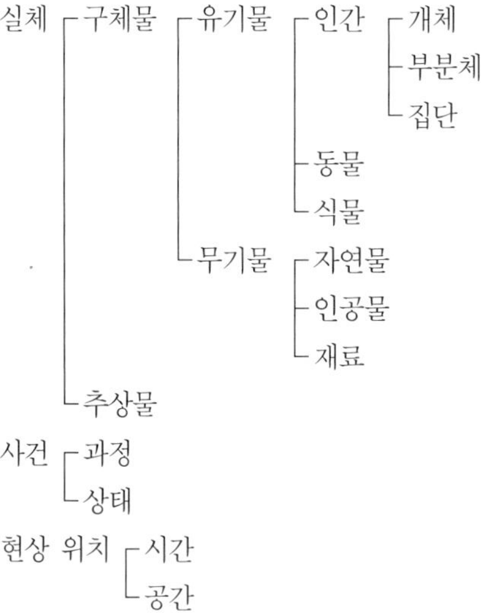

여기서 설정한 '실체' 범주는 Lyons(1977)의 제1실체에 대응하는 시공간상에 자리를 잡고 있는 구체물과 더불어 추상적인 존재물도 함께 아우르는 범주이다. 추상적인 존재물 역시 '존재물'의 일종으로 생각하여 모두 '실체' 유형으로 분류한 것이라고 했다. 하지만 이운영(2004)에서는 '시간명사'와 '공간명사'는 실체명사에 포함시키지 않고 '위치'라는 범주를 따로 설정하였다.

서정수(1994 : 389)에서는 일반명사[1]를 의미-구문론적관계(semanto-syntactic relation)[2]를 바탕으로 실체성 명사와 비실체성 명사, 시간 명사와 처소 명사, 비시간, 비처소 명사 이렇게 세 갈래로 나누었다. 그리고 실체성 명사는 물체나 물질 따위를 가리키는 전형적인 명사이고 의미면에서 동작성이나 상태성과 관련이 없는 순수한 사물만을 가리키는 것들이고, 비실체성 명사는 의미면에서 동작이나 상태성을 지니고 있는 것으로 사건이나 사태 또는 성질이나 상태 따위를 나타내는 말이라고 했다.

실체성 명사와 비실체성 명사의 예를 보이면 다음과 같다.

    (4) 가. 실체성 명사
        ① 시간 명사 : 열시, 아침, 낮, 삼월, 다음달, 일요일, 설날, 생일
        ② 처소명사 : 운동장, 마당, 길, 들, 직장, 농토, 산, 바다, 앞, 뒤
        ③ 그 밖의 인물, 사물
        〈인물〉 여자, 남자, 아이, 어른, 사장, 학생, 선생, 제자

---

1) 서정수(1994 : 388)는 '명사'라는 말은 한 낱말 범주 곧 어휘 범주(lexical category) 중의 한 가지를 가리키는 명칭이라고 하고 문법적 특성에 따라 일반 명사(ordinary noun), 의존명사(bound noun), 고유명사(prorer noun)로 나누었다.
2) 의미-구문론적 관계란 의미 차이와 구문론적 차이가 일대일로 대응되는 것을 말한다. 다시 말하면 의미 차이에 따라 일정한 구문론적 현상이 빚어지는 제약 조건들을 일컫는다(서정수, 1994 : 389).

〈동물〉 개, 소, 돼지, 말, 고양이, 원숭이, 호랑이, 사자
〈식물〉 풀, 소나무, 꽃, 강냉이, 벼, 밤, 채소, 미역, 김
〈물체 / 물질〉 책상, 자동차, 집, 기계, 물, 공기, 돌, 흙
〈일부 추상명사〉 자유, 도덕, 정신, 심리, 주관, 관념

나. 비실체성 명사
① 행동성 : 동작, 경주, 씨름, 뜀뛰기, 절, 굿, 노래, 노름, 다짐, 칼
부림, 손질, 현대화, 기계화, 산업화
② 과정성 : 변화, 사망, 부패, 부상, 유출, 연소, 성장, 발달, 진보,
진화
③ 정신 작용 : 생각, 신앙, 사랑, 존경, 감각, 기억, 연구
④ 상태성 : 평온, 소란, 평탄, 건강, 가난, 얌전, 점잔, 정직, 온순,
건실, 성실, 미안, 다정, 열심

서정수(1994)에서는 다른 학자들보다 비교적 일찍 실체명사에 시간
명사, 공간명사를 다 포함시켰다. 김인균(2002 : 76)에서도 "[추상적 실
체성]에 의한 사태명사와 추상명사의 분류는 추상명사가 추상적 존재를
나타내지만 사태명사와 달리 실체명사의 사물명사처럼 인식됨을 반영
한 것이다"고 하였다. 그리고 추상명사에 추상물명사와 위치명사를 포
함시켰다. 그리고 이운영(2004 : 45)에서 "'위치'는 실체가 시간과 공간상
에서 점하고 있는 자리이다. 공간적인 자리뿐만 아니라 시간의 연속선
상에서 어디에 '위치'하고 있느냐를 나타내는" 것이라고 했다.

위에서 명사의 의미분류에 대한 선행 연구를 다시 한번 살펴보고 본
고에서는 명사를 크게 실체성 명사와 비실체성 명사로 이분한다.

가. 실체성 명사
① 구체물명사 : 사람, 학생, 남자, 청년, 동생, 아버지, 손자, 손녀, 삼
촌, 사장, 제자, 책, 도시, 마을, 운동장, 마당, 길, 산, 바다, 원숭이,

　　개, 돼지, 소나무, 벼, 김…
　② 추상물명사 : 자유, 도덕, 정신, 심리, 까닭, 기온, 날씨, 역사, 관점,
　　분위기, 소설, 마음, 개념, 결과, 순서, 길이, 부피, 봄, 가을, 앞, 뒤,
　　위, 아래…

　나. 비실체성 명사
　① 사건명사 : 동작, 사랑, 헌신, 결혼, 복종, 연구, 건설, 휴식, 이해, 자
　　랑, 걱정, 계획, 결심…
　② 상태명사 : 건강, 부족, 얌전, 성실, 불편, 필요…

　위치명사는 시·공간적인 연속선상에서 어느 한 위치, 점을 가리키
는데 그 시·공간상의 '점'을 추상적인 실체물로 인식할 수 있기 때문에
추상물명사에 포함된다.

　본고에서는 위에서 분류한 두 부류의 명사 중 실체성 명사에만 연
구범위를 제한하고 실체성 명사의 논항구조를 연구한다. 앞에서도 간
단히 얘기했듯이 비실체성 명사의 논항구조에 대한 연구는 어느 정도
있지만 실체성 명사의 논항구조에 대한 연구의 거의 없기 때문에 필
자는 이 공백부분에 대한 약간의 연구를 해 보고자 범위를 거기에만
제한한다.

　이 책에서는 통사 구조에서 명사구의 내부구조를 연구하기에 통사기
능을 나타내는 술어(述語)를 사용하여 실체성 명사를 비서술성 명사로,
비실체성 명사는 서술성 명사로 칭하기로 한다.3)

---

3) '서술성 명사', '비서술성 명사'의 술어(述語) 사용문제에 대해선 2.2.1에서 자세히
　논의한다.

2.2. 비서술성 명사와 서술성 명사에 대한 분류기준

2.2.1. 術語 문제

서술성 명사는 '행위성 명사', '동사성 명사'로 많이 불려왔는데, 최근에는 '서술성 명사', '술어 명사'라는 술어(述語)를 더 많이 사용하고 있다. 홍재성(1997가)에서 '술어 명사'를 사용하였고 이병규(2001)에서는 '술어명사'를 "문장에서 술어의 기능을 하는 명사"라고 정의하였다. 남기심(2001)은 명사 중에서 용언과 같은 성질을 가지고 있어서 의미상 서술어의 기능을 하는 것을 서술성 명사라고 하였다.

    (5) 가. 한국의 기업이 <u>동남아로</u> 진출을 시작하였다.
        나. 학생들이 <u>우리 정치 제도에</u> 회의를 느끼고 있다.

남기심(2001 : 164)은 위 예문의 밑줄 그은 '동남아로'나, '우리 정치 제도에'는 각각 그 문장의 서술어인 '시작하다'나 '느끼다'가 요구하는 것이 아니라 그 앞의 명사 '진출', '회의'가 요구하는 것이라고 하면서 자신의 보충어를 거느리는 명사를 '서술성 명사'라고 하였다. 즉 남기심은 보충어를 가지는가 안가지는가를 서술성 명사를 가늠하는 표준으로 보았다.

이선웅(2004 : 76)은 술어를 "의미적으로 논항을 요구하고 상적 특성을 지니면서 사건, 행위, 상태 등의 의미적 실체를 나타내는 언어 현실"이라고 정의하고 '술어 명사'를 사용하였다. 하지만 조용준(1995)은 서술성이란 논항구조와 상적 특성을 가림을 의미하고 그와 같은 특성을 지닌 명사를 서술성 명사라 하였다. 이선웅(2004)은 '서술 명사'라고 할 경우 '서술'은 어떤 실체를 가리키는 말이 아니라 어떤 기능적 행위를 가리키는 말로서 '술어'에 비해 다소간 약점이 있다고 하였다.

필자는 '술어 명사'와 '서술성 명사'는 다만 용어상의 차이일 뿐 그 의미나 기능에서 차이가 없다고 생각한다. 다만 모든 명사가 '-이다'와 결합하여 문장성분의 '술어(謂語)'로 될 수 있다는 점을 감안하여 혼란을 피면하기 위하여 '서술성 명사'라는 용어를 사용하고 그와 상대하여 '비서술성 명사'를 사용하기로 한다.

정희정(2002)에서는 서술성 명사는 주로 행위와 상태를 뜻하지만 '행위'를 뜻하는 모든 명사가 서술성 명사인 것은 아니라고 했다. 그 예로, '걸레질, 도둑질'은 행위를 뜻하는 행위 명사일 뿐 선행절을 이끌지 못하고, 일반 명사구의 자리에서 관형어를 보충어로 요구하지 못하기에 서술성 명사는 아니라고 했다. 정희정(2002)은 서술성 명사와 행위 명사가 다음과 같은 차이가 있다고 했다. 첫째, 서술성 명사는 '하다' 없이 선행절(부사절)을 이끌 수 있으나 행위명사는 '하다' 없이 선행절을 이끌 수 없다. 둘째, 서술성 명사는 보충어를 관형어로 요구하지만, 행위명사는 보충어를 관형어로 요구하지 못한다.

(6) 가. 회사측은 하는 수 없이 노조간부들과 <u>협상</u>, 사태를 원만히 해결했다.

나. 일학년 전원이 학기가 시작되기 전에 기숙사에 <u>입사</u>, 새 학기를 준비하게 된다.

다. 이라크군이 쿠웨이트로 <u>진격</u>, 온 세계를 긴장시켰다.

라. 연희는 혼자 서울에 올라가기로 <u>작정</u>, 그 준비를 시작했다.

마. 화살이 과녁에 백발백중 <u>명중</u>, 참석한 사람들이 경악했다.

(7) 가. *정매가 방에 <u>걸레질</u>, 어머니가 대견하게 바라보았다.

나. *그들이 배당금을 <u>도둑질</u>, 다른 사람들을 놀라게 했다.

(8) 가. *정매의 방 <u>걸레질</u>이 아주 서툴렀다.
    나. *그들의 배당금 <u>도둑질</u>은 어설프기 짝이 없었다.

정희정(2002)에서는 예문 (6)은 정문이고 예문 (7)은 비문이라고 하면서 예문 (6)에서 '협상, 입사, 진격, 명중' 등 명사는 '하다'가 없어도 선행절을 이끌 수 있는 데 반해 예문 (7)의 '걸레질, 도둑질'은 행위를 나타내지만 '하다'가 없이 선행절을 이끌지 못하기에 서술성 명사가 아니라고 하였다. 하지만 필자는 예문 (7)도 정문으로 보고 있다. 예문 (8)은 행위 명사 '걸레질, 도둑질' 앞에서 보충어 '방, 배당금'이 관형어로 실현될 수 없기 때문에 서술성 명사와 다르다고 했다.

(9) 가. *철수가 조국의 <u>배신</u>을 했다.
    나. *사장이 영희의 <u>해고</u>를 했다.
    다. *김형사가 영희의 <u>조사</u>를 했다.

정희정(2002)의 견해대로 하면 (5)의 '배신, 해고, 조사'도 서술성 명사라고 할 수 없다. 때문에 서술성 명사 앞에 논항이 관형어로 실현될 수 있는가의 여부는 서술성 명사를 판단하는 기준으로 되기에는 문법성이 너무 떨어진다.

본고에서는 서술성 명사와 행위성 명사의 차이를 인정하지 않고 행위성 명사를 모두 다 서술성 명사에 포함시킨다. 정희정(2002) 자체도 '걸레질', '도둑질'과 같은 명사도 서술성을 획득할 가능성이 있다고 했다.

본고에서는 비서술성 명사의 논항구조를 논의하고자 한다. 서술성 명사의 논항 구조에 대해선 이미 많은 논의가 이루어지고 있다. 하지만 이선웅(2004)에서 말했듯이 비서술성 명사의 논항구조는 거의 사각지대에 놓여 있다고 해도 과언이 아니다. 전에는 논항을 가지느냐 가지지 않느냐 하는 것이 서술성 명사와 비서술성 명사를 가르는 하나의 중요한 기준으로 되었지만 일부 비서술성 명사도 논항을 요구한다는 것이 증명된 지금 간단히 보충어를 가지는가 가지지 않는가 하는 것은 더는 서술성 명사와 비서술성 명사를 가르는 표준으로 될 수 없다. 여기서 서술성 명사와 비서술성 명사를 어떤 기준에 따라 분류하여야 하는가 하는 문제가 생긴다.

2.2.2. 분류 기준

서정수(1994 : 391-394)는 실체성 명사와 비실체성 명사를 구분하는 근거를 다섯 가지 제기했다. 서정수(1985)의 근거를 보이면 아래와 같다.

첫째로, 실체성 명사는 형식 동사 '하다'와 어울릴 수 없으나 비실체성 명사는 그것과 어울려 동사 또는 형용사와 같은 서술적 기능을 드러낼 수 있다.

> (10) 가. *사람+하다, *집+하다, *개+하다
>   나. *서울+하다, *오늘+하다, *죽+하다

> (11) 가. 운동+하다, 연구+하다, 노래+하다, 셈+하다
>   나. 성장+하다, 변질+하다, 생각+하다, 발전+하다
>   다. 가난+하다, 행복+하다, 불행+하다, 친절+하다

그런데 실체성 명사도 '하다'와 어울리는 경우가 있다.

　　(12) 가. 그때 아주머니는 부엌에서 <u>밥하고</u> 있었다.
　　　　　나. 아저씨는 산에 <u>나무하러</u> 갔다가 돌아왔다.

　‘밥하다’, ‘나무하다’가 가능함을 보이는데 ‘밥’과 ‘나무’는 분명히 실체
성 명사에 속한다. 이런 실체성 명사가 ‘하다’와 결합하는 예를 더 보이
면 다음과 같다.

　　(13) 머리하다, 떡하다, 술하다, 한잔하다, 담배하다, 자리하다, 숙제하
　　　　　다, 씨하다, 공장하다, 회사하다, 점하다, 점심하다

　서정수(1994 : 581-582)는 ‘하다’는 동사성이나 상태성이 있는 비실체
성하고만 어울려서 서술 형식 대행 기능을 보이는 것이 예사이고 그것
이 ‘하다’의 주된 기능이지만 특정한 화용론적 상황에서는 일부 특정한
실체성 명사 및 일부 한정된 문법적 선행요소와 어울려서 서술 기능을
드러내는 일이 있다고 했다. 바로 위의 예와 같은 경우이다. 서정수
(1994)는 ‘하다’의 화용론적 대행 기능은 우리 언어 생활 문화와 밀접한
관련을 가진다고 한다. 이를테면 ‘밥하다’에서 ‘하다’가 ‘먹는다’가 아니
고 ‘짓다’와 같은 뜻의 동사로 이해되는 일이라든지, ‘나무하다’의 ‘하다’
가 ‘마련’과 비슷한 뜻의 동사로 이해되는 것은 우리 언어생활문화에서
만 가능한 일이다. 또 ‘밥하다’나 ‘떡하다’는 말은 쓰이는데, ‘죽하다’나,
‘국하다’라는 말이 쓰이지 않는다고 하면서 이런 점들도 우리말 사용의
독특한 일면을 보이는 것, 다시 말하면 ‘하다’의 이런 대행 기능은 우리
의 문화적 환경에서 관용화되어 형성된 특수한 언어표현행위라 하였다.
　최경봉(1998 : 101)은 ‘하다’가 문법적으로 어떠한 기능을 하든, 그 의
미론적인 개념은 ‘어떤 동작을 이루다’로 공통적이기에 의미적인 고찰
에서는 선행명사의 차이에 주목할 수밖에 없는데, ‘나무, 밥, 빨래, 가

게, 학문…' 등의 의미 속성과 관련됨을 밝혔다.

'하다'구성과 결합하는 '나무, 밥, 빨래, 가게, 학문…'은 일반 의미의 '나무, 밥, 빨래, 가게, 학문…'에서 특화된 의미를 갖고 사용되는 것이다.

'하다'[4) 구성에서 사용되는 '나무'는 '나무의 기능상 변화체(땔감)'으로서의 의미가 부각되고 있으며, '밥'은 '쌀의 변화체'로서의 성격이 강조되고 있다. 이들은 모두 '어떤 실체에서 다른 실체에로의 변화'를 부각시킬 수 있는 의미구조를 가지고 있다. 또한 '가게, 학문'은 '운영된다는 의미와 학습한다는 의미'를 부각시킬 수 있는 의미구조를 가지고 있다고 볼 수 있다. '문학하다, 회사하다…' 등도 마찬가지이다.[5)

전형적인 기능동사 '하다'는 비실체성 명사를 판단하는 가장 중요한 기준이다. 하지만 완벽한 것은 아니다. '하다'와 어울릴 수 있는 명사에

---

4) 심재기(1982)에서는 '-하다'의 파생접사적인 기능을 강조하였고, 안희돈(1991), 한정한(1993), 김유정(1993) 등에서는 이들을 '기능동사'로 보았다. 이들은 모두 '하다'가 선행 서술성 명사와 더불어 서술어로 기능하는 문법적 의미를 띤 형식동사나 접사로 파악하였다(최경봉, 1998 : 101의 것을 재인용).
서정수(1994 : 574)는 '하다'는 허형식으로 자체에는 아무런 실질적 의미가 없고 다만 선행어의 의미에 따라 어울리기도 하고 안어울리기도 하며 선행어가 지니고 있는 의미특성대로 거기에 맞추어 서술어로서의 '옷'을 입혀주는 구실을 한다고 했다. 서정수(1994)에서는 '하다'가 특정한 선행어와 함께 어울려 서술 형식 대행 기능, 특정 상황 동사 대행 기능, 특정 용언의 대치기능 등 중요한 구문론적 기능을 드러낸다고 했다. 자세한 내용은 서정수(1994 : 575-586) 참조.
5) 최경봉(1998)처럼 '나무하다, 빨래하다, 밥하다' 등이 '어떤 실체에서 다른 실체로의 변화를 부각시킬 수 있는 의미구조'를 가지고 있다고 보면 서정수(1985)에서 잘못된 사용이라고 했던 '죽하다, 국하다, 김치하다' 역시 옳은 말로 보아야 한다. 필자 역시 '죽하다, 국하다, 김치하다'가 틀린 사용이 아니라고 본다. 하지만 '숙제하다'는 되는 반면 '제목하다, 과제하다, 문제하다'는 어울릴 수 없다. '하다'가 어떤 실체명사와 어울릴 수 있는 지는 아직 더 연구해야 할 과제라고 본다.
'하다'를 무엇으로 보느냐 하는 것은 본 논문의 논의 범위에 들지 않으므로 더 논의하지 않는다.

서 어떤 명사는 실체성 명사인지 비실체성 명사인지 구분하기 어려운 명사들이 있다. 예하면 '빨래(하다)'는 최경봉(1998 : 101)에서는 실체성 명사에 귀속시켰지만 서정수(1994 : 391)에서는 비실체성 명사로 분류하였다. 이런 경우 '하다'와 어울릴 수 있는가의 여부만으로 확실하게 분류하기는 어렵다. '자유', '평화', '반란'과 같은 비실체성 명사는 '하다'와 어울리지 않는다.

둘째로, 실체성 명사는 시간어 따위와 어울려 서술 기능을 드러내지 못하나 비실체성 명사는 시간어와 어울려서 서술 기능을 웬만큼 드러낼 수 있다.

(14) 가. *그이는 아침에도 책상이고, 저녁에도 책상이다.
　　　나. 그이는 아침에도 연구이고, 저녁에도 연구이다.

(15) 가. *그이는 언제나 책이다.
　　　나. 그이는 언제나 만족이다.

서정수(1994)는 지정사 '이다'도 일종의 형식 동사로서 그 자체로서 서술적 의미를 드러내지 못하는데 (14가, 15가)에서 보듯이 실체성 명사는 '이다'와 결합하여 그러한 서술 기능을 드러내지 못한다는 것을 실체성 명사와 비실체성 명사를 가르는 한 가지 기준으로 보았다. 그러나 강범모(2001)에서는 일반 명사를 포함한 모든 명사들에 '이다'가 붙으면 그것은 하나의 속성 혹은 상태를 의미한다고 할 수 있기에 '이다'를 기능 동사로 상정하고 그것을 기반으로 서술 명사를 분리해 낼 수 없다고 했다.

일부 실체성 명사도 시간어와 어울릴 수 있다.

    (16) 가. 오늘도 그 관점이고 내일도 그 관점이다.
        나. 오늘도 백성이고 내일도 백성이다.
        다. 오늘도 손님이고 내일도 손님이다. 영원한 손님이다.

때문에 시간어와 어울릴 수 있다는 근거 역시 완정하지 못하다.

    셋째, 실체성 명사와 비실체성 명사는 '되다'와의 어울림에서 차이를
드러낸다.

    (17) 가. 일학년이 이학년이 된다.
        나. 일학년이 이학년으로 된다.
        다. (?)일학년이 이학년된다.

    (18) 가. 건물이 파괴가 된다.
        나. *건물이 파괴로 된다.
        다. 건물이 파괴된다.

    (17가)에서 보듯이 실체성 명사 '일학년'이 '되다'의 앞에 쓰일 때에는
조사 '이 / 가'가 개입되는 것이 자연스럽다. 또 (17나)에서처럼 다소 어
색하지만 이 조사가 '으로'로 바뀔 수도 있다. 이는 이때의 선행어는 변
화의 목표점이 됨을 보여준다. 다시 말하면 '일학년'이 '이학년'으로 변
화된 것임을 드러낸다. 한편으로, 이때에는 '이학년 된다'처럼 조사가
개입되지 않고 합성되는 것은 어색하게 된다. 그런데 (18)에서처럼 '되
다'의 선행어가 비실체성 명사 '파괴'와 같은 낱말이 될 때에는 조사 '가'
가 '으로'로 바뀌는 것을 허용치 않는다(18나). 이때에는 선행어 '파괴'는
변화의 목표물이 아니고 그것 자체가 변화됨을 드러낸다. 다시 말하면
'건물'이 '파괴'로 변화되는 것이 아니라 '파괴' 그 자체가 이루어지게 됨
을 나타낸다. 그리하여 (18다)에서 보는 것처럼 '파괴된다'라는 합성어

와 같은 구성이 자연스럽게 된다.6)

> (19) 가. 선물을 준 것이 실수가 되었다.
> 나. 선물을 준 것이 실수로 되었다.
> 다. ?*선물을 준 것이 실수되었다.

> (20) 가. 빌려준 돈이 투자가 되었다.
> 나. 빌려준 돈이 투자로 되었다.
> 다. *빌려준 돈이 투자되었다.

(19), (20)에서 볼 수 있듯이 비실체성 명사 '실수, 투자'도 조사 '-가/이'가 '-으로'로 바뀔 수 있다. 때문에 세 번째 근거도 완정하지 못하다고 하겠다.

넷째로, 비실체성 명사는 '을/를 가다/오다' 형식으로 만들 수가 있다.

> (21) 가. 우리는 오후에 한강에 구경(을) 갔다.
> 나. 어른께서 여기에 소풍(을) 오셨군요.

'구경하다'와 같이 '하다'를 첨가할 수 있는 비실체성 명사 가운데 일부는 '를/을 가다/오다'와 같은 구문을 이룰 수 있다. 이런 구문은 본디 다음과 같이 축약된 것이라 해석된다.

---

6) 최현배(1961 : 418)에서는 '되다'는 '공부하다' 따위의 '하다'를 대치하여 피동형을 만든다고 풀이하였다. '공부하다', '감금하다'들과 같이 '하다'를 '되다'로 바꾸어 피동형을 이룬다고 한 것이다. 그런데 이런 피동형을 이룰 수 있는 선행어는 비실체성 명사에 한정된다. '하다'와 어울리는 선행명사는 일반으로 비실체성 명사이기 때문이다. '책'과 같은 실체성 명사에는 '되다'가 직접 붙기도 어려우려니와('책되다'는 어색하기 때문에) 동사의 피동형을 이루는 일도 없다(서정수, 1994 : 393에서 재인용).

(22) 가. 우리는 일요일에 낚시질을 간다.

　　　나. 우리는 일요일에 낚시질을 하러 간다.

(22가)에서처럼 비실체성 명사 다음의 '하러'가 생략되어 '가다'만 남는 꼴이 되었다고 할 수 있는 것이다.

위에서도 말한 것처럼 비실체성 명사 가운데 일부만 '-를 / 을 가다 / 오다'와 같은 구문을 이룰 수 있기 때문에 이것이 실체성 명사와 비실체성 명사를 분류하는 기준으로 되기에는 부적절하다.

다섯째로, 실체성 명사와 비실체성 명사는 '질' 또는 '화(化)'와 같은 접미사와 결합하는 점에서도 차이점을 보인다.

(23) 가. 그 아낙네는 마자에게 {삿대질하였다 / *삿대하였다}.

　　　나. 그들은 {*노름질하였다 / 노름하였다}.

(24) 가. 각 공장은 시설을 {현대화하였다 / *현대화하였다}.

　　　나. 각 공장은 {*시설화하였다 / 시설하였다}.

(23가)에서 보듯이 실체성 명사인 '삿대' 따위에는 '질'7)이라는 접미

---

7) 서정수(1994 : 394) : 접미사 '질'과 어울릴 수 있는 실체성 명사 : 접미사 '질'과 어울릴 수 있는 실체성 명사는 한정되어 있다. 토박이말 명사가 '질'과 결합하는 일이 많으며, 한자말과 통합하는 일은 드물다. 그 예를 보이면 다음과 같다.
　〈1〉 손질, 발길질, 손가락질, 삿대질, 입질, 도리질, 딸꾹질, 찜질, 도리께질, 톱질, 도끼질, 칼질, 쟁기질, 삽질, 써레질, 비질, 걸레질, 계집질, 도둑질, 풀무질, 부채질, 키질, 되질, 말질, 물질, 동냥질, 장난질, 곁눈질, 누비질, 뜨개질, 숨박꼭질
　〈2〉 선생질, 이간질, 간사질, 훼방질, 둔갑질
　〈1〉은 토박이말의 경우이고 〈2〉는 본디 한자말에서 온 것인데 거의 우리말화한 것이라 할 수 있다. 그런데 이 접미사가 붙은 말은 대개 품위가 떨어지는 말로 여겨지고 있다. 이를테면, '선생질'과 같은 말은 품위가 없는 말이므로 '선생 노릇'으로 하는 것이 예사이다.

사가 덧붙을 수 있고, 또 그러한 덧붙임으로 비실체성 명사처럼 되어 '하다'와 결합한다. 그러나 '노름'과 같은 비실체성 명사에는 (23나)에서 보듯이 '질'이 안 붙고 '하다'가 첨가된다. (24)에서는 실체성 명사는 '화' 따위를 덧붙여 비실체성 명사와 같이 됨을 보이며, 그 반면에 비실체성 명사는 그러한 덧붙임을 일반으로 허용치 않는다.

모든 실체성 명사에 다 접미사 '질'이 붙는 것이 아니고 또 모든 비실체성 명사에 다 접미사 '화'가 붙을 수 있는 것이 아니다. 때문에 이 기준도 완정하지 못하다.

이렇게 서정수(1994)에서 실체성 명사와 비실체성 명사를 분류하는 기준으로 제기한 다섯 가지 기준을 살펴보았는데 위의 논의와 같이 이 다섯 가지는 보편성이 떨어진다. 이 다섯 가지 기준을 종합 운용한다고 하더라도 많은 단어들을 가려내는데 도움이 되지 않기에 적절하지 않다.

강범모(2001)에서도 서술성 명사를 다른 명사와 구분하는 기준을 분명하게 제시함으로써 서술성 명사의 범위를 명확히 하고 있다. 강범모(2001)는 홍재성 외(1997), 홍재성(1999), 채희락(1996)의 논의를 검토한 후 서술성 명사를 다른 부류의 명사와 구분하는 기준으로 다음과 같은 것을 제시하였다.

> (25) 가. '-케, -토록' 결합 가능
> 　　　나. '하다' 기능 동사 결합
> 　　　다. 명사문 가능
> 　　　라. '중' 구문
> 　　　마. '언제나 ～이다'

강범모(2001)는 위의 기준이 완벽하지는 않지만 이 기준들을 종합적으로 적용하면 어느 정도 서술 명사를 추출할 수 있다고 보았다. 특히 '죽음', '춤'과 같은 '-음' 계열 명사를 제외하면 (25가)의 기준은 꽤 완전하게 적용될 수 있다고 보았다.

(26)

	-케/토록	'하다'	명사문	'중'	'언제나 ~이다'
공부, 연구	○	○	○	○	○
반란, 불공	○	×	○	○	○
행복, 평등	○	○	?	×	×
자유, 평화	○	×	?	×	?
잠, 춤	×	×	×	×	×
종교, 정신	×	×	×	×	×
음악회, 지진	×	×	×	?	×
빨래	○	○	○	○	○
숙제	○	○	?	○	○
나무	○	○	?	○	?
머리	○	○	?	○	?
밥, 떡	×	(○)	×	×	×
어머니, 친구	×	(○)	×	×	×
고양이, 책상	×	×	×	×	×

필자 역시 이 기준이 비교적 완정함을 인정하면서 이 기준에 따라 서술성 명사와 비서술성 명사를 분류하고자 한다. 하지만 (26)에서도 볼 수 있듯이 완전히 위의 다섯 가지 기준에만 의거해서는 문제가 될 것들도 적지 않다. '나무, 머리' 같은 경우는 아주 분명한 구상명사임에도 위의 기준에 다 적합하다. 모든 것에는 사람의 직관이 관여하기 마련이다. 아래에 기본적으로 강범모(2001)에서 제기한 기준에 따라 서술 명사와 비서술 명사를 분류하면서 직관적으로 구상명사(Lyons의 제1실체)에 속하는 명사들은 비서술 명사로 분류한다. '죽음', '춤'과 같은 '-음'

계열 명사도 위의 5가지 기준을 적용하여 분류한다. 왜냐하면 이러한 명사들이 다 그 자체에 활동성이 있다고 보기는 힘들기 때문이다. 예를 들어 '춤'과 '잠', '웃음' 같은 명사는 '추다', '자다', '웃다'에서 생성된 것이기는 해도 이 자체가 활동성이 있는 사건으로 보이지는 않는다는 것이다. 오히려 그러한 활동, 또는 동작들을 추상화하여 하나의 실체 개념으로 사용한 것으로 보아 이러한 경우는 추상적인 존재물로 즉 실체물로 보는 것이 더 적합하다.

위의 기준을 종합적으로 적용하면 비서술성 명사와 서술성 명사를 어느 정도 추출할 수 있다고 본다. 실제 자료에 기초하여 논의를 진행하기 위해 국립국어연구원에서 발간한 '현대 국어 사용 빈도 조사(2002)'에 수록된 명사 중에서 빈도순으로 1,000항목을 추출하여 기본 자료로 삼고자 한다. 이 책에서는 일반 명사에서 비서술성 명사의 논항 구조에 대한 논의를 주로 다룰 것이기 때문에 이러한 명사로 범위를 제한하여 의존명사, 수사, 대명사, 고유명사는 논의 대상에서 제외한다. 이러한 품사 분류는 원칙적으로 『표준국어대사전』(1999, 국립국어연구원 저)의 품사를 기준으로 한 것이다. 1,000항목에 포함된 것 중에서도 비록 품사는 명사로 분류되어 있으나 부사적으로 쓰이는 명사,8) 대명사처럼 문맥에 따라 지시 대상이 달라지는 명사,9) 독립적으로 거의 쓰이지 않고 관형어 뒤에서 의존명사처럼 쓰이는 명사,10) 관형어적으로 쓰이는 명사,11) '-적' 파생어 부류의 명사12) 등은 논의 대상에서 제외하였다. 이러한 방식으로 검토 대상에서 제외된 단어는 모두 153항목13)

---

8) '그중, 반면, 만약, 서로' 등이 이러한 단어이다.
9) '아무것, 자신, 자체' 등이 이러한 단어이다.
10) '곳, 정도, 경우' 등이 이러한 단어이다.
11) '국제, 국내, 해외' 등이 이러한 단어이다.
12) '일반적, 근본적' 등이 이러한 단어이다.

으로, 이를 제외한 847항목에 대한 분류작업을 진행하였다. 다음은 이 847항목을 위에 제시한 기준에 따라 비서술성 명사와 서술성 명사로 분류한 것이다.

비서술성 명사

ㄱ. 가게, 가격, 가능성, 가방, 가슴, 가운데, 가을, 가정, 가족, 가치, 감정, 강(江), 값, 개, 개념, 개성, 개인, 거리(距離), 거리(街), 건물, 걸음, 겨울, 견해, 경제, 경찰, 곁, 계급, 계기, 고개, 고객, 고기, 고등학교, 고모, 고장, 고통, 고향, 골(gaol), 공간, 공기, 공동체, 공무원, 공업, 과거(過去), 과일, 과정, 과제, 과학, 과학자, 관객, 관계자, 관점, 교사(敎師), 교수(敎授), 교실, 교장, 교통, 교회, 구월, 구조, 국가, 국민, 국민학교, 국회, 군대, 군사(軍事), 귀, 귀족, 권력, 권리, 규모, 그룹, 그릇, 그림, 그림자, 근거, 근처, 글, 글자, 기(氣), 기계, 기관, 기구, 기능, 기름, 기반(基盤), 기분, 기쁨, 기술(技術), 기업, 기자, 기준, 기초, 기회, 길, 길이, 까닭, 꼬리, 꼴, 꽃, 꿈

ㄴ. 나라, 나무, 나이, 날, 날씨, 남(男), 남녀, 남성, 남자, 남쪽, 남편,

13) 검토 제외 대상은 다음과 같다.(153)

각, 각종, 개인, 결과, 결국, 경우, 고급, 고대, 곳, 공(共), 공동(共同), 과(課), 구체적, 국내, 국제, 국회, 군(軍), 그날, 그때, 그동안, 그중, 근본적, 금융, 급(級), 기간(其間), 기본, 기본적, 기존, 끝, 나머지, 나중, 날, 다음, 단위(화폐의 단위), 당국, 당시, 당장, 대규모, 대부분, 대신, 대표적, 대형, 동안, 동시, 때, 마지막, 마찬가지, 만약, 만일, 며칠, 면(面), 모두, 몫, 물론(勿論), 민간, 반(班), 반(半), 반면, 배(倍), 보통, 본격적, 분야, 사건, 사이, 사회적, 삼국, 상대적, 상호(相互), 서구, 서로, 서양, 성(性), 세기(世紀), 세대, 수(數), 순간, 스스로, 시기, 시절, 실제, 아무것, 얼마, 여부(與否), 역(役), 예(例), 예전, 옛날, 오랫동안, 요즘, 위(委), 위원, 위원장, 위원회, 원래, 이날, 이때, 이번, 이상, 이외, 이제, 이전, 이후, 일반(一般), 일반적, 일부, 일제(日帝), 자(字), 자기(自己), 자신(自身), 자체, 잔(盞), 잘못, 적극적, 전, 전국, 전략, 전문, 전체, 제일(第一), 조금, 종(種), 주(株), 주식(柱式), 주요, 중세(中世), 지금, 짓, 짝, 처음, 초기, 최고, 최근, 최대, 최초, 층(層), 평균, 평소, 하나, 하루, 학년, 한(限), 한때, 한마디, 한번, 한쪽, 한참, 한편, 해외, 현대, 현재, 혼자, 효과적, 후(153)

낮, 내부, 내용, 내일, 냄새, 노동자, 노예, 노인, 노조, 논리, 논문, 농민, 농업, 농촌, 누나, 눈(雪), 눈(目), 눈길, 눈물, 눈치, 뉴스, 느낌, 능력

ㄷ. 다리, 단계, 단체, 달, 담배, 당(党), 대상, 대중, 대책, 대통령, 대학, 대회, 댁(宅), 도로(道路), 도서관, 도시, 도움, 독자, 돈, 돌, 동네, 동료, 동물, 동생, 뒤, 드라마, 들, 등, 딸, 땀, 땅, 떡, 뜻

ㄹ. 라디오, 리얼리즘

ㅁ. 마늘, 마당, 마을, 마음, 맛, 매체, 머리, 모델, 모습, 모양, 모순, 모임, 목, 목소리, 목표, 목적, 몸, 무대, 무릎, 문, 문제, 문제점, 문화재, 문학, 문화, 물, 물건, 물질, 물체, 미(美), 미래, 미술, 민족, 민중, 밑

ㅂ. 바다, 바닥, 바람, 바탕, 박물관, 박사, 밖, 발, 밤, 밥, 방, 방법, 방식, 방안(方案), 방침, 방향, 밭, 배, 배(腹), 배경, 백성, 버스, 범위, 범죄, 법, 법률, 법원, 법칙, 벽, 별, 병, 병원, 복식(服飾), 봄, 부동산, 부모, 부모님, 부문(部門), 부분, 부인(夫人), 분야, 분위기, 불, 불교, 비, 비디오, 비용, 비행기, 빛, 뿌리

ㅅ. 사건, 사고, 사내, 사람, 사례(事例), 사무실, 사물, 사상, 사실, 사월, 사장, 사진, 사태, 사항, 사회, 산, 산업, 삼월, 상대방, 상식, 상처(傷處), 상태, 상표, 상품, 상황, 삶, 새(鳥), 새끼(자식), 새벽, 색(色), 색깔, 생명, 선, 선물, 선배, 선생, 선생님, 선수, 성격, 세계, 세력, 세상, 세월, 서양, 성과, 소금, 소녀, 소년, 소리, 소문, 소비자, 소설, 소식, 소재(素材), 소프트웨어, 속, 속도, 손, 손가락, 손님, 수단, 수도(首都), 수석(首席), 수준, 숙제, 술, 숨, 숫자, 숲, 스타, 스트레스, 스포츠, 시(詩), 시각(視角), 시간, 시계, 시골, 시기, 시대, 시리즈, 시민, 시월, 시인(詩人), 시스템, 시선(視線), 시장, 식구, 식당, 식량, 식물, 식품, 신(神), 신경, 신문, 신체, 신화(神話), 실명제(實名制), 십이월, 쌀, 쓰레기

ㅇ. 아기, 아나운서, 아내, 아들, 아래, 아버지, 아빠, 아이, 아저씨, 아주머니, 아침, 아파트, 안, 안보(安保), 앞, 애, 양(量), 양상(樣相), 양식(樣式), 어깨, 어둠, 어려움, 어른, 어린이, 어머니, 어제, 언니,

언어, 언론, 얼굴, 엄마, 업무, 업체, 에너지, 여름, 여성, 여자, 역사, 연극, 열, 영어, 영역(領域), 영화, 옆, 예술, 예술가, 오늘, 오늘날, 오른쪽, 오빠, 오월, 오전, 오후, 올림픽, 올해, 옷, 외국, 외국인, 외부, 왼쪽, 왕(王), 요소, 요인, 용기, 용어, 우리나라, 우산, 우주, 운명(運命), 움직임, 웃음, 위, 위기(危機), 원인, 원리, 원칙, 유월, 은행, 음식, 음악, 의견, 의사, 의원, 의장(議長), 의지, 의회(議會), 이념, 이데올로기, 이론, 이름, 이미지, 이웃, 이유, 이월, 이익, 인간, 인구, 인기, 인류, 인물, 인사(人士), 인사(人事), 인생, 임금(賃金), 일요일, 입, 입술, 입장, 잎

ㅈ. 자금, 자녀, 자동차, 자료, 자리, 자본, 자본주의, 자세, 자식, 자연, 자연주의, 자원, 자전거, 작가, 작년, 작품, 잠, 잡지, 장관(長官), 장군, 장면, 장소, 재료, 재미, 재벌, 재산, 재정, 전기(電氣), 전문가, 전통, 절차, 젊은이, 점, 정권, 정당(政黨), 정도, 정보, 정부, 정상(頂上), 정서, 정신, 정책, 정치, 제도, 제목, 제품, 조건, 조미료, 조상, 종교, 종류, 종이, 죄(罪), 주말, 주위, 주택, 줄, 중심, 주민, 주변, 주부(主婦), 주인, 주인공, 주제(主題), 주체(主體), 죽음, 중간, 중앙, 증시(證市), 지난달, 지난해, 지도, 지구, 지대, 지도자, 지방, 지식, 지역, 지위, 지하, 지하철, 지혜, 직업, 직원, 직장, 진리, 질서, 집, 집단, 집안

ㅊ. 차, 차원, 차이, 차례, 참새, 책, 책상, 책임, 철학, 청소년, 체계, 체제, 체육, 총장, 출신, 춤, 측면, 친구, 칠월, 침대

ㅋ. 커피, 컴퓨터, 컵, 코, 크기, 키

ㅌ. 태도, 태양, 택시, 텔레비전, 토지, 티브이(TV), 팀, 특성, 특징

ㅍ. 팔, 팔월, 폭(幅), 표정, 프로, 프로그램, 피, 피부

ㅎ. 하늘, 학교, 학년, 학문, 학생, 학자, 한계(限界), 한글, 할머니, 할아버지, 해, 핵, 핵심, 허리, 현상, 현실, 현장(現場), 형, 형님, 형식, 형태, 회사, 회원, 회장(會長), 화(화를 내다), 효과, 화면, 화장실, 화장품, 환 경, 환자, 후반, 후보, 흐름, 흙, 힘

서술성 명사

ㄱ. 갈등, 감각, 감독, 개발, 개방, 개선, 개혁, 거래, 걱정, 건강, 건설, 검사(檢査), 검찰, 게임, 결정, 결혼, 경기, 경쟁, 경영, 경향, 경험, 계산, 계획, 고민, 고생, 고통, 공개, 공급, 공부, 공사(工事), 공연, 관계, 관광, 관련, 관리, 관심, 광고, 교육, 구성, 구속, 규정, 균형, 기록(記錄), 기사(記事), 기억

ㄴ. 노래, 노동, 노력, 논의, 놀이, 농사

ㄷ. 대답, 대표, 대화, 동작

ㅁ. 말, 말씀, 매춘(賣春), 무역, 무용(舞踊), 문명, 미소, 민주화(8)

ㅂ. 반대, 반응, 발달, 발언, 발전, 발표, 방문, 방송, 방학, 변화, 보도, 보호, 부담, 부정(不正), 부족, 분석, 불만, 불법, 비리, 비밀, 비판

ㅅ. 사랑, 상상, 사업, 사용, 사정, 상대(相對), 생각, 생산, 생존, 생활, 서비스, 설명, 성장, 소득, 소유, 수사, 수술, 수업, 수요(需要), 수입, 수출, 숙제, 습관, 시설, 시위, 시작, 시험, 식사, 실수, 실시, 실천, 실험, 싸움

ㅇ. 안정, 약속, 애기, 여행, 역할, 연구, 연기(演技), 연습, 영향, 예산, 예정, 오염, 요구, 욕망, 우려, 운동, 운영, 위치, 위험, 유지, 의도, 의미, 의식, 의혹, 이야기, 이용, 이해, 인사(人事 : 인사 드리다), 인식, 일, 임신, 입시(入試)

ㅈ. 자유, 작업, 작용, 장치, 전망(展望), 전화, 전쟁, 전제, 접근, 정치, 제사(祭祀), 조사, 조직, 조치, 조화, 존재, 종합, 주장, 준비, 지배, 지원, 지적, 질문

ㅊ. 참여, 처리, 체험, 총선, 축구, 충격, 치료

ㅌ. 탓, 토론, 통신(通信), 통일, 통치, 통합, 투자, 투쟁, 특별, 특정

ㅍ. 판결, 판단, 판매, 평가, 평화, 폭력, 표현, 피해, 필요

ㅎ. 해방, 행동, 행사(行事), 행위, 행정, 혁명, 혐의, 협상, 협정, 형성, 회의, 회담, 확대, 훈련, 희망

제3장

비서술성 명사의 논항 수에 의한 분류

3.1. 논항

명사구 내부에서 핵 명사의 논항은 언제나 수의적으로 출현하기 때문에 명사는 논항구조를 갖지 않는 것으로 인식하기 쉽다. 그러나 논항구조를 핵어가 요구하는 개념적으로 필수적인 요소를 제시하는 틀로 이해할 때, 명사에도 분명히 논항 구조는 존재한다.

본 연구에서 다루는 대상은 비서술성 명사가 핵 명사로 그것의 논항을 실현시킨 명사구이다. 이를 위해서는 논항의 개념과 범위에 대한 논의가 필요하다. '명사'의 논항에 대해 다루기 전에 먼저 무엇을 논항으로 보아야 하는지에 대해 고찰하도록 한다.

최초에 프랑스언어학자 Lucien Tesnière(特思尼竹耶爾)는 한 동사가 명사를 몇 개 지배할 수 있느냐를 설명하기 위해서 '价(프랑스어 valence, 독일어 valenz, 영어 valence / valency, 한어 配價, 向)' 개념을 도입하였다. 문장은 어휘로 구성되었지만 하나의 완정한 체계로서의 문장은 그 표면적인 구성성분인 어휘 연구에만 그칠 것이 아니라 어휘와 어휘 사이의 '연결(connexion)'에 L. Tesnière는 주의를 돌렸던 것이다. L. Tesnière 의 통사와 의미 사이의 관계에 대한 관점을 보면 "통사는 논리학과 심리학과 아무런 관계가 없다. 이는 내용을 내포하는 사상의 자체가 아니라 사상을 표달하는 형식만을 다룬다. 통사는 완전히 독립적이다."라고 주장한다. 그는 통사와 의미가 서로 독립적이라는 관점을 주장한다(필옥덕, 2004 : 37). 논항 연구가 점점 심입됨에 따라 Tesnière의 논항은 그 결함을 보이기 시작했다. Tesnière는 오직 통사구조에서 출발하였기에 심층 의미의 논항 현상에 대해 해석할 수 없었다.

논항(argument)의 개념에 대한 논의는 계속되어 왔지만 또 정확히 논항이 무엇인지 정의 내리기도 어렵다. 독일 학자들은 항가문법의 연구 실천과정에서 논항은 논리-통사-의미 세 개 면으로 확정해야 한다고 했다.

W. Bondzio, K. Heger 등 학자들은 논항은 본질적으로는 의미현상으로, 어휘의미의 제약을 받는다고 했다. 한 동사의 의미와 그 보충어의 관계는 개념-논리적인 것으로 현실에 존재하는 언어외적 현상을 반영한다. 서로 다른 언어에서 같은 개념의 논리적 논항 수는 같다. 예하면 bewachen(지키다)는 지키는 사람과 갇혀있는 사람 이렇게 2항동사이다. 이것은 개별언어를 떠나 개념-논리적 관계에 의해 논항을 확정하는 것으로 이 논항을 논리적 논항이라고 한다.

Helbig 등 학자들은 논리적 논항이 구체적 언어에서 표현되는 형식을 연구하였다. 동사에 어떤 보충어들이 출현하며, 어떤 보충어들이 필수적이고 어떤 보충어들이 수의적이며 동사와 보충어들은 어떤 문장을 이룰 수 있는가 하는 것들도 연구하였다. 그러나 이런 것들은 통사구조로서 동사의 개념-논리적 구조에서는 추리할 수 없다. 통사구조에 의

거해서 단어의 항가를 확정하는 이 논항은 통사적 논항이라 한다.

Helbig 등 학자들은 동사의 의미 환경을 중시하고 의미적 특징에 대한 분석을 통하여 보충어의 의미적 특징을 기술하였다. 동사의 의미적 보충어를 의미적 논항이라 한다. 예하면 독일어의 essen(먹다)는 오직 사람을 가리키는 명사만이 그 주어로 될 수 있다. 이런 의미적 논항은 외국어교수에서 그 의의가 크다.

70년대 후기 R. Růžička는 화용적 논항을 제기하였다. 화자가 구체적인 언어환경에서 문장의 표층구조에서 논항성분의 실현여부를 선택할 수 있음을 말한다. 즉 한 동사의 수의적 종속성분이나 필수성분이 문장의 표층구조에 실현되느냐는 구체적인 언어환경 속의 화용적 요소의 지배를 받는다는 것이다. 화용적 논항은 통사적 논항에 포함되어 있는 것으로 호상 작용하고 서로 영향 준다.

현재 논항에 대한 연구를 보면 논항을 의미면에서의 개념이라고 하는 의견, 통사 면에서의 개념이라고 하는 의견, 의미·통사론적 개념이라고 하는 의견 이 세 가지가 주류를 이루고 있다.

논항에 대한 기존의 정의들을 보면 아래와 같다.[1]

> (1) 논항이란 술어(predicate)가 나타내고자 하는 상황에서 꼭 필요한 요소이다. 예를 들어 'make'의 의미구현을 위해서는 반드시 '만드는 자'와 '만들어지는 대상'이 꼭 필요한데 이들을 논항이라 한다(정태구, 2001 : 6).
> (2) 논항은 '주어(subject)'와 '보충어(complement)'를 말한다(Radford, 198 : 371).
> (3) 논항은 의미역을 받는 최대투사범주이다(조성식 외, 1990 : 86).
> (4) 논항은 논리형식부에서 의미역이 부여되는, 곧 의미역 관계에서 명

---

1) 이선웅(2004) 재인용.

사 자격을 부여받는다고 가정되는 것이다(Chomsky, 1981 / 이홍배 역, 1987 : 54).

(5) 가. (나)와 논리적 표시법에서 서술어 'imitate'는 m과 p로 표상되는 두 개의 논항을 갖는다(Haegeman, 1991 : 35).

　　나. Maigret imitates Pirot.

　　　A(m, p)

　　　where A='imaitate', m='Maigret', p='Poirot'

(6) 핵과 결합가능한 성분을 '논항'이라고 한다(임홍빈·이홍식 외, 2002 : 103).

(1)은 논항을 의미론적으로 정의한 것이다. 꼭 필요한 것을 의미로써 확인해야 함을 보이고 있다. (2)는 논항을 통사론적으로 정의한 것이다. (3)은 (2)에 의미역을 고려한 것을 더한 내용이다. (4)는 표현이 다소 거칠지만 대체로 (3)의 내용과 같다. (5)는 논리학적인 표현방식을 사용하였을 뿐 내용적으로 (1)과 전혀 차이가 없다. (6)은 부가어 성분을 제외하는 방안을 제시하여야 하는 부담을 갖고 있다. 어휘내항 속이라는 전제를 고려한다고 해도 그 정의는 어떻게 그 요소들이 어휘내항에 들어가게 되었는지에 대해서는 말해주지 않는다는 점에서 문제가 있다.

'논항'은 두 가지 부동한 함의가 있다. 하나는 구체적 의미를 고려한 의미특성에 의한 논항이고 다른 하나는 통사구조에 중점을 둔 논항이다. 즉 의미론적 논항과 통사론적 논항이다. 논항을 의미론적인 개념으로 파악하는 일은 전통이 오래된 것으로서 19세기 말의 Frege에게서도, 논리학적인 범주문법(categorial grammar)에서도 찾아 볼 수 있다고 한다. 범주문법에서는 이렇게 의미론적으로 설정된 '논항'을 요구하는 요소를 '함수자(functor)'라고 한다. 그러나 논항은 통사론적 개념으로서

'핵(head)'에 대응하는 개념으로도 사용되는데, 이는 특히 Chomsy(1981) 이후의 생성문법적 논의에서 '투사원리(projection principle)'에 의해 어휘부에서의 논항구조가 그대로 통사부에 반영된다고 보기 때문이다.

이 문제를 해결하기 위해 Rappaport & Levin(1988)은 명칭은 같지만 용법이 다른 두 차원의 '논항'을 따로 처리할 것을 주장했다. 하나는 어휘-문법차원인데 '술어—논항구조(Predicate Argument Structure, PAS)'이고 다른 하나는 어휘—의미적 차원인데 Hale & Keyser(1986, 1987)의 용어대로 '어휘—개념구조(Lexical Conceptual Structure, LCS)'라 했다.

Rappaport & Levin는 PAS에서는 동사와 그 논항명사 사이는 문법기능구조로부터 체현되는 형식만 나타낼 것을 제의했는데 이 층위에 속하는 문법원칙과 문법규칙은 다 논항의 위치만 중시할 뿐 행위주, 수혜자 등은 언급되지 않는다.

Chomsky(1986)는 'S선택(S-select)'와 'C선택(C-select)'으로 이 두 층위의 '논항'관계를 논하였다. 동사와 명사의 관계는 두 가지가 있는데 하나는 동사와 명사의 의미적 관계인 '논항구조'이고 다른 하나는 동사와 명사의 결합형식인데 바로 '하위범주화 특징'2)이라는 것이다.

사실 논항이 '주어-술어' 등 성분을 가리키든 '행위자-수혜자' 등을 가

---

2) 하위범주화 규칙이란 통사자질(syntactic feature)을 도입하는 규칙이라고 할 수도 있다. 이 규칙은 분지규칙과 같이 文脈(context)을 필요로 하는 문맥의존(context-sensitive)규칙과, 문맥을 필요로 하지 않는 무문맥(context-free)규칙으로 나눌 수 있다.
무문맥범주화 규칙이란 명사를 유정명사(animate noun), 추상명사(abstract noun), 人間性名詞(human noun) 등으로 분류하는 규칙으로, 단어의 내재적 자질(inherent feature)을 도입하는 규칙이다.
문맥의존 하위범주화 규칙이란 구조상의 정보를 필요로 하는 규칙으로 국부적인 변형규칙이다.

리키든 결국에는 하나이지 서로 다른 것이 아니다.

통사구조형식은 '논항'을 통하여 의미관계를 보여주고 의미구조는 '논항'을 통하여 통사구조에서 반영된다. 즉 통사론적인 고려에 의한 논항설정이 의미론적인 직관에 따른 논항설정과 배치되는 것이 아니라는 것이다(이선웅, 2004 : 19). 때문에 논항 연구는 통사구조나 의미구조 그 어느 한쪽에서부터 시작한다고 해도 결국은 이 두 구조를 이어주는 접구(接口) 작용을 한다. 이것이 또한 '논항'이란 것을 설정한 목적이기도 하다.

> (7) 논항은 1차적으로 술어의 의미적 구현에 개념적으로 꼭 필요한 의미
> 적요소이고 2차적으로 술어의 통사적 구현에 꼭 필요한 통사적요소
> 이다(이선웅, 2004).

이 정의에 따라 의미적 구현에 개념적으로 꼭 필요한 〈의미적〉 요소는 통사적으로는 반드시 실현될 필요는 없다. 다시 말해 그 의미적 요소의 의미를 문맥에 의해 적절히 해석할 수만 있다면 그것이 통사적으로 실현되지 않을 수도 있다는 것이다. 이와 반면 통사적 구현에 꼭 필요한 〈통사적〉 요소는 서술어가 통사적으로 실현될 경우 반드시 함께 통사적으로 실현되어야만 한다(이선웅, 2004).

(7)에서는 한면으로는 의미와 통사를 동시에 고려한 논항 정의라 할 수 있다. 동사, 형용사, 서술성 명사의 논항을 연구한다는 면에서 볼 때 위의 정의에 대해 별 이의가 없다고 할 수 있겠으나 본고에서 논하다 싶이 일부 비서술성 명사도 논항이 있다는 것을 고려하면 '술어의 통사적 구현에 필요한 통사적 요소'라고 하는 것은 좀 문제가 있다고 할 수 있다. 필자는 논항에 대한 정의를 아래와 같이 수정하는 것이 바람직하

다고 생각한다.

> (8) 논항은 일차적으로 핵어의 의미적 구현에 개념적으로 꼭 필요한 의
> 미적요소이고, 2차적으로 핵어의 통사적 구현에 꼭 필요한 통사적
> 요소이다.

동사의 논항구조란 곧 그 동사가 결합하는 명사항의 수와 성격을 일컫는다. 그 수는 '항가'라는 이름으로, 그 성격은 '의미역'이라는 이름으로 정의할 수 있다. 이론에 따라서는 약간의 개념적 차이를 지닌 채 '결합가', 또는 '의미격', '심층격'이라는 용어를 쓰기도 한다. 그리고, 이 항가에 따라 설정되는 성분을 보충어(complement) 혹은 보족어(Erganzung)[3]라고 한다(오충연, 2000). 그런데 임홍빈·이홍식(2005 : 98)에서는 보충어에 대한 정의를 다음과 같이 내리고 있다.

> (9) 가. 보충어는 지정어 외에 핵의 쓰임에 필요한 성분으로, 어휘―특
> 수적인 성격을 강하게 띠고 있는 성분을 말한다.
> 나. 한 자리 서술어의 경우 보충어는 없다.
> 다. 두 자리 서술어의 경우 보충어는 주어나 의미상의 주어를 제외
> 한 성분을 가리킨다.
> 라. 세 자리 및 네 자리 서술어의 경우에도 보충어는 주어나 의미상
> 의 주어를 제외한 성분을 가리킨다. 보충어가 둘 이상 있는 경
> 우, 핵에서 가장 가까운 위치에 나타나는 보충어를 제1보충어,
> 핵에서 두 번째로 가까운 위치에 나타나는 보충어를 제2보충어,
> 그다음 위치에 나타나는 보충어를 제3보충어라 부르기로 한다.

---

3) 결합가 이론에서 말하는 보족어는 변형문법의 보충어와는 다른 개념이다. 보충어가 계층적 원리에 충실한 것이라면, 보족어는 술어와의 관계를 중심으로 한 개념이다. 또한, 보충어 개념에는 술부(VP)내의 것만을 일컬으므로 주어가 제외되기도 하지만(술부내 주어VP-internal subject 가설에 의하면 기저에서 주어도 보충어가 됨), 보족어의 개념에는 주어도 포함된다.

이 정의에 따르면 항가에 따라 설정되는 성분을 다 보충어라고 할 수는 없을 듯하다. 항가에 따라 설정되는 논항에는 외부논항과 내부논항이 있는데 내부논항4)이 보충어와 동의어로 쓸 수 있는 반면 외부논항은 보충어가 아니다. 김영희(2005 : 123)는 보충어에 대해 간단명료하게 정의를 내렸는데 그것을 옮겨보면 보충어는 논항구조상으로 보면 의미역(θ-role) 부여자인 동사로부터 의미역을 부여받는 내부논항이고, 통사구조상으로 보면 동사와 자매관계에 있으면서 동사의 지배를 받는 문장의 필수 성분이다.

논항구조를 논함에 있어서 논항에 대응되는 술어로 '부가어(adjunct)'가 있다. 논항은 핵어의 본질과 속성을 드러내주는 성분으로 생략되면 해석에 어려움이 많지만 부가어는 수의적인 성분으로 그 요소가 생략되어도 문장의 의미해석에 아무 어려움이 없는 성분이다. 그리고 논항은 명사 단독 형태로 드러나는데 비하여 부가어는 조사를 동반한다. 그 원인은 논항은 핵어에 의해 의미역이 부여되지만 부가어들이 가지는

---

4) Williams(1981)는 통사구조에서 논항으로 인정되는 성분을 '내부논항'과 '외부논항' 두 부류로 나누었다. 내부논항은 술어부 속에 나타나며, 행위주를 제외한 대상, 도달점(goal) 등을 가진다. 또한 통사적으로 지정어가 아닌 보충어이다. 외부논항이란 동일범주의 최대투사(maximal projection) 밖에 나타나는 요소로, 쉽게 말해 문장의 주어는 통사구조에서 목적어처럼 술어부(동사구, 형용사구) 속에 나타나지 않는다. 외부논항은 오직 하나인데 이러한 외부논항은 주격으로 나타나며 일반적으로 의미역은 행위주성을 가지는 행위주가 된다.
see (<u>Agent</u>, Thing)(밑줄 그은 것은 외부논항임을 말한다.)
내부논항과 외부논항의 분류에 대해 쟁의도 있다. 내부논항과 외부논항의 계선을 취소할 수 있다는 견해이다. 이유는 주어나 목적어와 같은 명사는 통사구조에서 그 지위가 차이가 없다는 것이다. Koopman & Sportiche(1988)는 주어명사도 술어부의 투사 내에 있는 것으로 처리하였다. 즉 행위주인 주어가 원래는 VP의 투사 내에 있다가 후에 VP의 Spec로 이동하여 IP의 Spec(주어위치)로 이동하였다는 것이다. 이 책에서는 Williams의 주장대로 내부논항과 외부논항의 계선을 인정한다.

의미역은 조사에 의해 결정되고 또 조사에 의해 표현되기 때문이다. 그래서 조사가 결합되어 있지 않다면 의미역이 미정상태가 되어 문장의 의미를 정확히 해석할 수 없게 된다(김영희, 2000 : 84-85 · 2005 : 198).

> (10) 가. 열차는 이 시각에 / ∅ 도착한다.
> 나. 아이들이 골목에서 / *∅ 논다.
> 다. 노인이 벚나무를 톱으로 / *∅ 베었다.
> 라. 범인은 경찰에게 / *∅ 잡혔다.

부가어이지만 의미역이 시간역인 (10가)의 '이 시각'은 '시간'이라는 고유 의미로 말미암아 시간역이 예측되기 때문에 의미역 부여자인 조사 '에'가 배제될 수도 있는 것이다.

부가어의 전통적인 개념은 종속 구성에 있어서 1차적 단어에 덧붙여지는 수식 성분을 가리키는 것이었지만, 생성 문법에서는 이를 더 세분하여 보충어를 확장시키는 요소를 부가어로 처리하고 있다. 핵─계층 이론에 따르면 보충어와 상호 성분─통어 관계에 있는 요소를 부가어라고 부르는데, 말 그대로 부가어는 핵어에 부가적인 정보를 제공하는 요소이다. 부가어는 보충어와 달리 반드시 와야 하는 필수성분인 것은 아니다. 김병일(2000 : 50)에서는 명사 부가어의 통어론적 개념을 아래와 같이 규정하였다.

(11) **명사 부가어의 통어론적 개념**
핵어인 명사와 보충어로 구성된 명사─바를 성분─통어하는 관계에 있는 요소

(11)은 부가어가 명사와 어머니 관계에 있는 성분임을 뜻하는 것인데, 다음과 같이 도식화 할 수 있다(김병일, 2000 : 50).

(12)

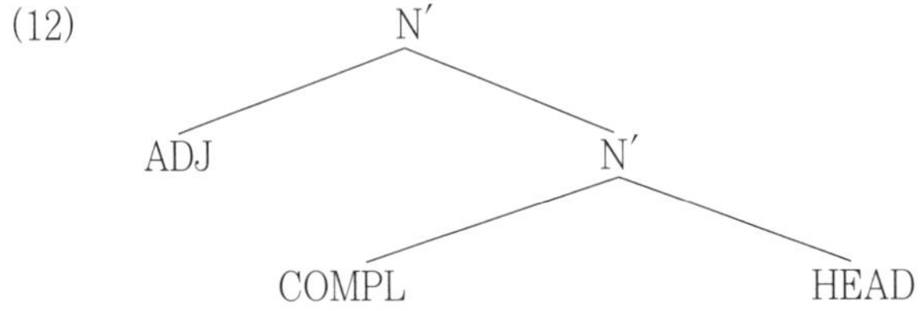

(12)에서 보충어(COMPL)가 명사와 자매 관계에 있는 성분임에 반하여 부가어(ADJ)는 명사−바와 자매 관계이자 핵어인 명사에 대해서는 어머니 관계가 있다. 부가어는 명사−바의 자매이고 보충어는 명사의 자매라는 점에서 다르다. 자매 관계에 있는 성분들은 매우 긴밀한 관계에 있으나 어머니와 딸 관계에 있는 성분들은 '덜 긴밀한' 관계에 놓여 있다고 볼 수 있다.[5]

3.2. 명사의 논항구조

논항구조를 연구하는 최종 목적은 바로 문장을 구성하는 어휘 사이의 관계를 분명히 함으로써 문장을 의미적으로 분류하여 기술하고 의

---

[5] Haiman(1985)에서는 두 언어적 표현 사이에는 존재하는 형태적, 의미적 거리는 이 둘 사이에 존재하는 의미적 / 관념적 거리에 상응한다는 '거리의 도상성'을 제시하고 있다. 이 형태적 거리는 두 표현 사이에 존재하는 요소들의 숫자와 내용에 의해서 정해지는데 보충어와 부가어는 모두 핵어 명사 앞에 오나 보충어의 경우 핵어 명사에 가장 가까이에 있기 때문에 연관성이 더 있으며 이에 비해 부가어는 상대적으로 보충어보다 핵어 명사에 떨어져 있으므로 의미적 연관성은 상대적으로 덜하다고 볼 수 있다. 이런 점에서 볼 때도 핵어 명사가 가지는 속성을 잘 드러내주는 것이 보충어, 그리고 이에다 새로운 정보를 주는 것이 부가어라고 할 수 있다(김병일, 2000 : 50).

미추리형식과 과정을 형식화하려는 것이다. 언어에서 제일 중요한 것은 동사6)와 명사인바 통사구조의 중심은 명사와 동사의 결합이다. 그러므로 문장에서 동사의 논항구조만 연구하는 것으로 문장을 완정하게 파악했다고 할 수 없다.

명사구는 동사의 항가에 따른 논항 구조로서 이 논항의 중심에 화자가 인식하고 있는 어휘-층위 범주의 명사가 선택되어 명사구의 핵 성분을 이루고, 이 핵 명사에 딸림성분들이 결합, 또는 통합되어 명사구를 생성한다. 즉 문장의 핵 성분인 동사의 항가에 의해 명사구의 핵 명사가 선택되고, 그 핵 명사의 특성에 따라 핵 명사 앞 요소들이 선택되어 구-층위 범주로 확장된다.

한 낱말은 그 특성에 따라 '어휘-층위 범주'와 '구-층위 범주'로 구분할 수 있으며, 어휘-층위 범주의 한 낱말이 문장구조에 실현되어 구-층위 범주로 확장된 것을 '구'라 할 수 있다. 즉 명사는 그 자체로서 일반적·추상적 지시기능을 가지며, 이러한 일반적·추상적 의미가 투사되어 구체적 지시기능을 가질 때 명사구가 된다. 따라서 한 단어로 된 성분도 구체적 지시기능이 있으면 그것은 구가 될 수 있으며, 어휘-층위로서의 핵 명사가 통사 구조상 구-층위 범주로 확장된 것을 '명사구'라 정의할 수 있다(박호관, 2001).

명사구의 지배자인 핵성분이 서술성 명사일 때 서술성 명사들은 독자적인 사건 구조를 갖고 있기 때문에 동사 서술어와 마찬가지로 반드시 보충어를 필요로 한다.

    (13) 가. 발해에 대한 오랜 연구를 통해 노 교수는 우리 민족의 잊혀진
          과거를 복원했다.

---

6) 여기서 동사는 형용사도 포함해서 말함.

나. 문화의 <u>변화</u>는 시대 정신의 <u>변화</u>를 수반한다.

'변화, 연구' 등은 외형상 동사의 서술 대상으로 드러나지만 내부적으로는 이미 하나의 다른 상황을 구성하고 있다. 이 상황은 명사에 의해 나타나는 서술의 관계를 형성해 줄 별도의 행동주와 수동주를 통해 구성되는데, 말하자면 '연구'는 그 자체가 술어의 논항이면서 동시에 '연구자와 연구 대상'의 설정을 통해 형성되는 '연구 상황'을 내적으로 이미 전제하고 있다.

이와 달리 비서술성 명사들은 문법적으로 서술어의 외부논항(external argument) 또는 내부논항(internal argument)으로서의 자격을 갖게 되는 것이다.

    (14) 가. <u>어머니가</u> 만두를 만들고 있다.
         나. <u>헨리 포드가</u> <u>청구서</u>를 써주었다.
         다. 화가 난 <u>선생님</u>은 <u>난로</u>를 발로 찼다.
         라. <u>전문가들</u>은 최상의 <u>지식</u>을 축적하고 있다.

'어머니, 만두, 헨리 포드, 청구서, 선생님, 난로, 전문가, 지식' 등의 명사는 그 자체가 서술문을 통해 전달하고자 하는 의미내용의 대상 혹은 개체이다. 이 비서술성 명사들은 그것들이 노출된 문장 속의 서술어 ―'만들다, 써주다, 차다, 축적하다'―들이 만들어 내는 구체적인 의미 상황 속에 개체로 개입된다.

    (15) 가. 코끼리가 코가 길다.
         나. 원숭이가 팔이 길다.

(14)에서 동사 '만들다, 써주다' 등은 2항 동사로 문장에 명사가 두 개 출현하여 각각 외부논항, 내부논항이 된다. 하지만 (15)의 술어 '길다'는 1항 술어이다. 그런데 문장에 각각 명사가 두 개씩 출현하여 이중 주격을 이루고 있다. 하지만 이 두 명사가 다 형용사 '길다'의 논항으로 될 수는 없다. 이런 문제는 어떻게 봐야 하는가?

> (16) 가. 코끼리의 코가 길다.
> 나. *코끼리가 길다.
> 다. ?코가 길다.

> (17) 가. 원숭이의 팔이 길다.
> 나. *원숭이가 길다.
> 다. ?팔이 길다

(16가), (17가)는 정문이지만 (16나), (17나)는 다 비문이다. 그리고 (16다)와 (17다)의 '코가 길다', '팔이 길다'라는 표현은 '코', '팔'의 소유주가 명시되지 않았기 때문에 의미가 명료하지 않다. 따라서 이에 대한 추가 정보가 요구되며, 이러한 추가 정보가 주어지지 않는다면 완전한 문장으로서 의미 포화를 이루지 못하게 된다. 이처럼 '코', '팔'은 특정의 화역이 없을 경우 반드시 그 소유주가 출현할 것을 요구한다.

주어는 서술어의 투사규칙에 따라야 하기 때문에 서술어의 의미정보와 무관하지 않다. (16가)와 (17가)의 경우에 서술어 '길다'는 1개의 의미역만을 할당한다. 이중주격 구문의 문제는 이런 서술어가 두 개의 명사구와 함께 쓰인다는 데서 문제가 야기된다. '길다'는 술어의 어휘 정보에 따라 (16나)와 (17나)의 문장은 비문이 된다. (16다)와 (17다)의 경우에 '길다'와 '코' 사이에 선택 제약과 격 여과[7] 조건을 만족시켰음에도 비문인 것은 서술어의 논항성분인 '코'의 어휘구조에서 기인한다. 바꾸어 말하면 (16다)와 같은 문장은 다른 담화 정보가 개입되지 않은 상황 하에서는 누구의 코인가 하는 의문을 유발하기 때문이다. 이 의문은 구문상의 결함에서가 아니라 논항인 '코'가 가지고 있는 내재적인 속성 때문이다. 이런 속성을 갖는 명사는 의미 포화(飽和)를 이루기 위해 다른 명사를 논항으로 택해야만 한다.8)

(16가)의 '길다'는 1항 서술어로서 논항으로 '코'만 필요로 하지만 논항 '코'의 내부구조는 다른 논항을 필요로 하는 열린 논항 구조를 가지고 있다. 따라서 열린 논항 구조를 만족시키기 위하여 보충어로 '코끼리'를 취해 의미 포화를 이루게 된다. 이런 경우에 술어가 2개의 논항을 취한 것처럼 보이지만 이는 술어가 택한 논항명사의 속성에서 기인한 표면상의 문제일 뿐이다.

명사구의 논항은 동사의 논항과 그 층위가 같은 것은 아니다. (17가)에서 동사 '길다'가 꼭 필요한 논항은 '코'이다. '코끼리의'는 서술어의 논항인 '코'가 개념적으로 필요한 소유주이다. 서술어의 논항인 '코'가 문장 층위 논항(sentential level argument)이라 한다면 '코끼리'는 서술어의 논항인 '코'의 의미 완정성을 보장해주는 어휘 층위 논항(lexical level argument)이라 할 수 있다.9)

---

7) 격 여과(case filter) : 음성학적으로 실체가 있는 명사구는 격이 있어야 한다는 원리. 즉 공범주(empty category)인 t와 PRO 및 영범주(null category)인 [NP e]를 제외한 NP는 반드시 격표지(case-marking)를 받아야 한다는 원리이다. 다음 문장에서 주어인 John은 tried라는 동사에게서 주격이라는 격을 받고 있지만 Mary는 격을 받고 있지 못하므로 격 여과에 걸려 비문법적인 문장이 된다.
   *John tried Mary to leave.

8) Jackendoff(1991)은 이런 속성을 가진 논항을 열린 논항(open argument)이라 했다(이혜경 재인용).

9) 박철우(2002)에서 '어휘 층위 논항', '문장 층위 논항'이라는 용어를 사용하였다.
   (1) 가. 나는 그 아이에게 <u>호감</u>이 간다.

    (18) 가.　길다 : 〈주체〉10)

        나.　[NP가 / 이] 길다.

        다.　코 : 〈소유주〉

        라.　[N의] 코

        마.　[[N의] 코가] 길다.

또 다른 예를 하나 더 보면 아래와 같다.

    (19) 노인은 조국에 대해 감정이 있다.

'있다'는 2항동사로 처소역과 대상역 또는 소유자와 피소유물이 필수 불가결의 성분이 된다. 동사의 논항성분만 만족시키려면 위 예문을 아래와 같이 쓰면 된다.

    (20) [?]노인은 감정이 있다.

동사 '있다'의 두 논항은 다 출현했지만 (20)은 완정한 문장으로 될 수 없다. 그것은 명사 '감정'은 '감정의 소유자'와 '그 감정을 받는 대상'

    나.　아이들이 <u>수선</u>을 떤다.
위의 예문에서 '호감', '수선'은 동사 '가다', '떨다'의 논항인 것이 아니라 동사와 재구조화되어 하나의 어휘를 구성하는 부속성분으로 바뀌어 있다. 이때 '호감', '수선'을 어휘 층위 논항이라 한다.
(2) 가.　어머니가 <u>송편</u>을 빚는다.
    나.　막내가 <u>독감</u>이 걸렸다.
(2)에서 '송편', '독감'은 각각 동사 '빚다', '걸리다'의 논항으로 문장을 구성하는 논항이다.
본 문의 '코끼리의 코'에서 '코끼리'는 동사와 재구조화 되는 것이 아니고 또 술어가 필요한 의미역도 아닌, 뒤의 핵 명사의 의미를 완정하게 해주는 데 필요한 성분으로 박철우(2002)의 용어를 빌려 어휘 층위 논항이라 불러 구분하기로 한다.
10) 〈　〉는 논항을 표시함.

두 성분이 나타나야만 의미의 완결성이 이루어지기 때문이다. 즉 '감정' 을 핵어로 하는 어휘층위 논항이 하나 결여되어 있다. (19)의 논항구조 는 아래와 같이 표시할 수 있다.

(21) 가. 있다 : 〈소유주, 피소유물〉
나. 노인이 감정이 있다.
다. 감정 : 〈소유주, 대상〉
라. 노인의 조국에 대한 감정
마. 노인은 조국에 대해 감정이 있다.

(21)에서 보다시피 '노인'은 문장층위 논항이면서 동시에 어휘층위 논항도 겸하고 있다. 이렇게 2항명사의 소유주역이나 주체역으로 되는 논항은 문장층위 논항과 어휘층위 논항을 겸하고 있다.11)

명사구의 논항구조는 동사의 그것에 비하여 비교적 간단하다. 지금 까지의 논의를 살펴보면 동작을 나타내는 명사와 상태를 나타내는 명 사가 논항을 가진다는 것에는 이의가 없다. 이런 명사들은 2장에서 논 의한 것처럼 서술성 명사로 이 책의 논의에 들지 않는다. 이 책에서는 사건, 상태를 나타내는 서술성 명사에 들지 않지만 논항을 가지는 부분 비서술성 명사에 대해 논의한다. 논항을 가지는 비서술성 명사는 1항명 사와 2항명사로 나눌 수 있다.

---

11) 이것은 언뜻 보면 "각 논항은 오직 하나의 의미역을 지니고 각 의미역은 오직 하나의 논항에만 할당된다"는 의미역 기준(θ-criterion)을 위반하는 것처럼 보일 수도 있다. 하지만 문장층위와 어휘층위 이렇게 서로 다른 층위에서의 의미역을 말하는 것이기 때문에 결코 의미역 기준과 충돌되지 않는다.

3.3. 1항명사의 분류

모든 비서술성 명사가 다 논항을 가질 수 있는 것이 아니라고 이미 말한 바 있다. '하늘, 해, 별, 달' 등 명사는 논항을 가지지 않는다. 비서술성 명사에서 일부 명사만 논항을 가지는데 본 절에서는 1항명사에 대해 분류해 보기로 한다.

3.3.1. 친족명사

1항명사란 핵 명사가 하나의 보충어만 지배하는 것이다. 일부 명사는 명사구내에서 그 보충어의 실현을 요구한다. 명사 '아버지'는 문장에서 실현될 때 '누구의 아버지'인지를 밝힐 것을 요구하고 '동생' 역시 '누구의 동생'인지를 알리지 않으면 의미의 결여로 충분한 정보를 제공하지 못한 것으로 된다.

> (22) 가. 철수 아버지는 여기에 안 계신다.
> 　　가′. $^?$아버지는 여기에 안 계신다.
> 　　나. 영희의 동생이 이 일을 완성했다.
> 　　나′. $^?$동생이 이 일을 완성했다.
> 　　다. 임선생 아들이 타던 걸 물려준 거였다.
> 　　다′. $^?$아들이 타던걸 물려준 거였다.
> 　　라. 나는 저 애의 언니 되는 사람입니다.
> 　　라′. $^?$나는 언니 되는 사람입니다.

위의 예들에서 (22가, 나, 다, 라)는 핵 명사 '아버지, 동생, 아들, 언니' 등에 보충어 '철수, 영희, 임선생, 저 애'가 실현되어서 의미정보가 충분히 나타났지만 (22가', 나', 다', 라')는 일정한 문맥 속이 아니라면 의미를 충분히 표달하였다고 할 수 없다.

> (23) 가. 영자의 언니가 대학에 입학했다.
> 　　　가'. [?]언니가 대학에 입학했다.
> 　　　나. 순희의 할머니께서 병원에 입원하셨다.
> 　　　나'. [?]할머니께서 병원에 입원하셨다.
> 　　　다. 미자의 조카가 반에서 또 일등을 하였다.
> 　　　다'. [?]조카가 반에서 또 일등을 하였다.

위의 예들에서 보다시피 '언니, 할머니, 조카' 등은 명사구에서 보충어를 하나씩 지배한다. 즉 '언니, 할머니, 조카'는 그 앞에 소유주역을 담당하고 있는 '영자, 순희, 미자'가 출현함으로 하여 어느 한 특정의 인물을 확실하게 지시할 수 있게 된다.

> (24) 가. 영자의 북경 언니가 대학에 입학했다.
> 　　　나. 순희의 조양천 할머니께서 병원에 입원하셨다.

(24)에서 '북경, 조양천'도 논항이 아니냐 하는 의문이 제기될 수도 있다. 논항과 부가어의 통사론적 특성을 유현경(1994)에서는 이렇게 지적하였다. 논항은 '필수성'과 '독립성'을 가지는 데에 비하여 부가어는 '독립성'은 가지나 '필수성'은 가지지 못하는 성분이라고 했다.[12] 논항

---

12) 보충어와 부가어를 판별하는 기준으로 Matthews(1981 : 124-127)는 다섯 가지를 제시하였고 Radford(1988 : 233-239)는 아홉 가지를 제시하고 있다(김영희, 2005 : 124).
　　한국어 동사의 논항의 판별 기준에 대해서 김영희(2005 : 181-203) 참조.

이 필수 성분임은 완형문 구성을 위해서 생략될 수 없다는 것을 말한다. 필수성은 간단한 '제거법'으로 판별할 수도 있다. 즉 어떤 성분을 제거해서 핵 명사의 의미 완결성에 영향을 주면 그것은 보충어이고 영향 주지 않으면 그것은 부가어이다.

> (25) 가. 영자의 언니가 대학에 입학했다.
>   가′. *북경 언니가 대학에 입학했다.
>   나. 순희의 할머니께서 병원에 입원하셨다.
>   나′. *조양천 할머니께서 병원에 입원하셨다.

'언니'는 "여자이고 누군가의 손위 형제"란 어휘적 의미자질을 가지는데 이 어휘특질적 의미를 만족시켜야만 그 지시가 명확해진다. 여기서 "누군가의 손위 형제" 자질에서 '누군가'라는 의미가 실현되지 않으면 도대체 '언니'가 지시하는 사람이 누구인지 분명하지 못하다. 여기서 장소를 나타내는 '북경'은 '언니'가 의미적으로 꼭 필요한 성분이 아님도 밝혀진다. '할머니'는 "아버지의 어머니"라는 어휘특질적 의미로 "누구의 할머니"인지를 밝혀야만 명확하게 한 개체를 지시할 수 있다. '조양천'과 같은 장소를 나타내는 성분은 '할머니'라는 개체를 가리키는데 필수적인 성분이 아니다. 때문에 '북경', '조양천'을 삭제한 (25가, 나)는 정문이 되지만 (25가′, 나′)는 특질적 의미의 결여로 비문이 된다. '북경, 조양천'은 보충어가 아니라 부가어이다.

물론 (25가, 나)는 '북경', '조양천'이 삭제됨으로 해서 원문의 의미를 충분히 표현하지 못했다는 결점은 있지만 그것은 결코 어휘의 필수불가결의 의미성분이 아님은 분명하다. 그리고 위의 예문에서 '북경', '조양천'은 표면구조에서는 명사구로 나타났지만 실은 간단한 명사구가 아니다.

(24가, 나)의 기저구조를 다음과 같이 설정할 수 있다.

(26) 가. 영자의 북경에 살고 있는 언니가 대학에 입학하였다.
　　→북경에 살고 있는 영자의 언니가 대학에 입학하였다.
　　나. 순희의 조양천에 사시는 할머니께서 병원에 입원하셨다.
　　→조양천에 사시는 순희의 할머니께서 병원에 입원하셨다.

'북경'은 '북경에 살고 있는', '조양천'은 '조양천에 사는'의 축약된 형식이라 할 수 있다. 논항은 반드시 핵으로부터 의미역을 받아야 한다. 관형절은 핵어를 수식할 뿐 뒤에 오는 핵 명사로부터 그 어떤 의미역도 받지 못한다. Chomsky(1990)에서는 의미역 표시는 D-구조에서 이루어져야 하고 어떤 요소도 의미역 위치로 이동해 들어가서 D-구조에서 배당되지 않은 의미역을 할당받을 수 없다고 했다.13) (24)에서 '북경', '조양천'이 비록 핵어와 아주 가까운 위치에 있지만 핵 명사로부터 의미역을 할당받을 수 없고 논항이 될 수 없다는 것이 이로부터 더 명료해진다.

　장소, 시간 등의 의미역은 핵어의 어휘특성과는 관계없이 발화자의 발화의도에 따라 어디에나 두루 다 쓰일 수 있으며 문장구조에 부가되는 것이기 때문에 문장에서 반드시 실현될 필요가 없으며 논항이 아니다.

　'아버지, 어머니, 오빠, 동생…' 등 이런 명사를 친족명사라고 개괄할 수 있다. 친족명사는 보충어를 하나만 지배하는 1항명사이다.

---

13) 박명관·장영준 역(2001), 『최소주의 언어이론』, pp.63-64.

3.3.2. 부분명사

(27) 가. 철수의 팔이 길다.
　　　나. 피가 흐르는 토끼 다리를 싸매주었다.
　　　다. 선생님의 코에 땀방울이 맺혔다.

(28) 가. $^?$팔이 길다.
　　　나. $^?$피가 흐르는 다리를 싸매주었다.
　　　다. $^?$코에 땀방울이 맺혔다.

'팔, 다리, 코…' 등은 사람이나 동물의 신체의 일부분이다. 이런 신체의 일부를 나타내는 부분명사는 그것의 주체가 출현하지 않으면 지시대상이 명확하지 못하게 된다. 때문에 이런 명사들은 그 앞에 누구 혹은 무슨 동물의 일부인지 밝힐 것을 요구한다. 따라서 '철수, 토끼, 선생님'은 각각 그 뒤의 핵 명사 '팔, 다리, 코'의 소유주로 핵 명사의 논항이다. 소유주가 실현되지 않으면 핵 명사는 의미의 완결성을 이룰 수 없게 된다. '팔, 다리, 코' 등은 신체의 각 부위를 나타내는 명사로서 부분명사라 개괄할 수 있는데 여기에 속하는 명사들은 1항명사이다. '잎, 뿌리, 가지' 등 식물의 일부를 나타내는 명사, '서랍, 뚜껑' 등 물체의 일부를 나타내는 명사도 부분명사에 속한다.

3.3.3. 속성명사

(29) 가. 요즘 집 값이 자꾸 오른다.
　　　나. 나는 선생님의 성격 일부를 흡수했다.
　　　다. 동생의 마음이 여리다.

라. 학생들이 기분이 좋다.

마. 가을비 내리는 소리를 들으면서 마시는 커피 맛 또한 별미다.

(30) 가. ?요즘 값이 자꾸 오른다.

나. ?나는 성격 일부를 흡수했다.

다. ?마음이 여리다.

라. ?기분이 좋다.

마. ?가을비 내리는 소리를 들으면서 마시는 맛 또한 별미다.

(29가~마)의 핵 명사는 각각 '값, 성격, 마음, 기분, 맛'이다. 박치원 (1995)에서 지적했던 것처럼 '성격, 값, 색'과 같은 명사는 속성명사 (attributive noun)로 그 속성의 주체를 드러내는 말이 필수적으로 실현 되어야 한다.

그런데 여기서 짚고 가야 할 것이 있다. 3.3.1에서 관형절은 논항이 아니라고 한바 있다. 그런데 이선웅(2004)에서는 다음과 같은 예에서 관형사절을 보충어로 보고 있다.

(31) 가. 그는 까다로운 성격이다.

가′. *그는 성격이다.

나. 비싼 값을 주고 산 물건

나′. *값을 주고 산 물건

다. 빨간 색깔의 옷

다′. *색깔의 옷

이선웅(2004 : 109)은 어떤 특정 대상을 서술할 때 그 속성을 드러낸 다면 속성의 내용이 충족되지 않는 일은 개념적으로 불가능하기 때문 에 관형사절을 보충어로 보아야 한다고 했다. 이선웅(2004)에서도 "관형사절"이라고 한 것처럼 위 예문의 "까다로운, 비싼, 빨간"은 원형이 "성격이 까다로운", "값이 비싼", "색깔이 빨간"과 같은 관형절이다.14) (31가, 나, 다)의 원형은 아래와 같이 풀어 쓸 수 있다.

(32) 가. 그는 성격이 까다롭다.
　　　나. 물건이 값이 비싸다.
　　　다. 옷의 색깔이 빨갛다.

(33) 가. 그는 (t_i) 까다로운 성격$_i$이다.
　　　나. (t_i) 비싼 값$_i$을 주고 산 물건.
　　　다. (t_i) 빨간 색깔$_i$의 옷.

　‘성격’, ‘값’, ‘색깔’은 각각 형용사 ‘까다롭다’, ‘비싸다’, ‘빨갛다’의 논항이다. (33)에서 보이는 바와 같이 (30)은 원형문 (32)가 논항이 이동하여 이루어진 문장으로 논항연쇄15)를 형성하고 있다. 관형사절을 속성명사의 내용을 나타내는 논항으로 볼 것이 아니라 속성명사가 형용사의 논항이고 관형사절은 논항이 이동하여 논항연쇄를 이룬 것으로

---

14) 김지홍(1995)의 "부가어는 핵어와 동지표되는 공범주 형태의 논항을 반드시 하나 갖고 있다"라고 했다.

15) (1) 가. [$_{NP}$ e] was killed [$_{NP}$ John]
　　　　나. [$_{NP}$ John$_i$] was killed [$_{NP}$ t_i]
　　John$_i$과 t_i는 연쇄(chain)를 형성하며, John이 논항(argument)위치로 이동했기 때문에 논항-연쇄(argument chain)이라고 부른다.
　　논항-연쇄에서 맨 앞에 있는 항목을 연쇄의 머리(head)라고 부르고, 맨 끝에 있는 항목을 꼬리(tail)라고 부른다. 논항-연쇄에서 머리는 격이 부여되는 위치이고 꼬리는 의미역이 부여되는 위치가 된다. 따라서 논항-연쇄는 정확히 하나의 의미역 위치와 하나의 격위치만을 갖게 된다.
　　(2) 논항연쇄 : (John$_i$　　t_i)
　　　　　　　　　　　↑　　　↑
　　　　　　　격위치　의미역 위치(양동휘·김용석·이홍배·임영재, 1991 : 100-101)

보는 것이 더 합리하다.16)

　이선웅(2004 : 109)에 따르면 박치원(1995)은 '성격, 값, 색깔'과 같은 명사를 속성명사(attributive noun)로 간주하여 그 속성의 내용을 드러내는 말이 필수적으로 실현되어야 하는 경우가 있음을 지적하고 있다고 한다. 논항은 핵어로부터 의미역을 받아야 한다. 또 의미역은 의미 해석에서 가장 중심이 되는 요소로서 심층구조와 그곳에 나타나는 어휘항목에 의하여 결정된다. 보다 구체적으로 말해서 의미역은 두 가지 요소 즉 문법기능(grammatical function : GF)과 어휘항목의 본유적 어휘 특질에 의해 결정된다.17) 때문에 '성격, 값, 색깔' 등과 같은 속성명사가 개념적으로 필요한 것은 그것들의 주체명사일 뿐이다.

> (34) 가.　나는 그의 까다로운 성격이 싫다.
> 　　　가'.　나는 그의 성격이 싫다.
> 　　　가''.　?*나는 까다로운 성격이 싫다.
> 　　　나.　나는 이 옷의 빨간 색깔이 마음에 든다.
> 　　　나'.　나는 이 옷의 색깔이 마음에 든다.
> 　　　나''.　?*나는 빨간 색깔이 마음에 든다.
> 　　　다.　요즘 다들 비싼 집 값에 혀를 내두른다.
> 　　　다'.　요즘 다들 집 값에 혀를 내두른다.
> 　　　다''.　?*요즘 다들 비싼 값에 혀를 내두른다.

　(34가)는 "그의 성격이 까다롭다. 그래서 나는 그의 성격이 싫다"로 풀어 쓸 수 있는데 이 문장의 의미의 중점은 '그'의 성격이 까다롭다는 것을 나타내는 것보다 '내'가 '그'의 성격을 싫어한다는 데 있다. 때문에 '성격'의 관형절 "까다로운"이 제거되었지만 주체역이 실현된 (34가')는

---

16) 김병일(2000 : 64) : "이 두 새 빨간 집"에서 '빨간'을 부가어로 처리하였다.
17) 양동휘 · 김용석 · 이홍배 · 임영재 공저(1991 : 84).

(34가)의 주된 의미를 표현하는 완형문이다. 하지만 주체역이 제거되고 관형절만 실현된 (34가″)는 (34가)와는 다른 의미를 나타내기 때문에 비문이 된다.

(34나)를 다시 쓰면 "이 옷의 색깔이 빨갛다. 나는 이 옷의 색깔이 마음에 든다"인데 의미의 중점은 "이 옷의 색깔이 내 마음에 든다"이다. 때문에 관형사절 '빨간'이 제거된 (34나′)는 정문이 되지만 주체역 '이 옷'이 제거된 (34나″)는 비문이 된다.

마찬가지로 (34다)를 다시 쓰면 "요즘 집 값이 비싸다. 그래서 다들 집 값에 혀를 내두른다"로 풀어 쓸 수 있는데 의미의 중점은 "집 값에 혀를 내두른다"이다. 때문에 (34다′)는 정문으로 되지만 (34다″)는 비문으로 된다.

때문에 속성명사 '성격, 값, 색깔'의 논항은 이선웅(2004)이 얘기한 것처럼 관형사절인 것이 아니라 그 속성의 소유주이고 주체인 '그, 물건, 옷'이 논항이 된다. 논항의 다양한 통사적 실현에 대해선 5장에서 논하기로 한다.

3.3.4. 위치명사

(35) 가. 이 일본 만화들은 학교 앞 문방구, 서점 등을 통해 판매되고 있다.
　　　나. 사람들이 회관 옆 계단 어름에서 웅성거렸다.
　　　다. 우편국은 병원 오른쪽에 있다.

(36) 가. *이 일본 만화들은 앞 문방구, 서점 등을 통해 판매되고 있다.
　　　나. *사람들이 옆 계단 어름에서 웅성거렸다.
　　　다. *우편국은 오른쪽에 있다.

예문에서 위치 관계를 나타내는 명사 '앞, 옆, 주변, 정상(頂上)…' 등
이 핵 명사일 때는 반드시 그 기준물이 있어야만 의미의 완결성을 보장
할 수 있다.

이렇게 1항명사에는 친족명사, 부분명사, 속성명사, 위치명사가
있다.

3.3.5. 1항명사의 실제 분류[18]

이 네 부류의 명사는 총적으로 다 관계명사(relational noun)라 할 수
있다. DeBruin dan Scha(1988)는 의미적으로 포화되지 않은 명사를
관계명사로 정의하고 있다. 또한 Jackendoff(1990)에서는 이런 명사를
개체(thing)가 개체를 논항으로 취하는 함수 표현으로 간주하고 있다.

관계명사를 다시 더 세분해서 친족명사, 부분명사, 속성명사, 위치명
사 이렇게 나누었다. 관계명사의 논항은 핵 명사로부터 소유주 또는 주
체역을 할당받는다. 2장에서 국립국어연구원에서 발간한 '현대 국어 사
용 빈도 조사(2002)'에 수록된 명사 중에서 빈도순으로 1,000항목을 추
출하여 부사적으로 쓰이는 명사, 대명사처럼 문맥에 따라 지시 대상이
달라지는 명사, 독립적으로 거의 쓰이지 않고 관형어 뒤에서 의존명사
처럼 쓰이는 명사, 관형어적으로 쓰이는 명사, '-적' 파생어 부류의 명

---

18) 2장에서 분류한 비서술성 명사 847항목이 이 책에서 논의하는 1항명사와 2항명
    사에 다 분배되는 것은 아니다. 여기에는 여러 가지 원인이 있다. 첫째, 모든 비
    서술성 명사가 다 논항을 가지는 명사가 아니다. 둘째, 여기서는 '친족명사, 부
    분명사, 속성명사'에 속하는 1항명사와 2항명사를 논의할 뿐 더 넓은 범위의 것
    은 앞으로의 연구과제로 남긴다. 비서술성 명사의 논항구조 연구가 결핍한 원인
    도 있겠지만 무엇보다 필자의 능력 제한임을 밝히는 바이다.

사 등 153항목을 논의 대상에서 제외한 다음 남은 847항목에 대해 서
술성 명사(213항목)와 비서술성 명사(634항목)로 분류작업을 진행하였
다. 그 비서술성 명사를 다시 관계명사에 속하는 명사들을 골라 친족명
사, 부분명사, 속성명사, 위치명사로 분류해 보았다.

- **친족명사** : 고모, 남편, 누나, 대상, 동생, 딸, 부모, 부모님, 부인(夫
  人), 새끼(자식), 선배, 아기, 아내, 아들, 아빠, 아이, 아저씨, 애, 어
  머니, 아주머니, 언니, 엄마, 아버지, 오빠, 자녀, 자식, 조상, 주인,
  친구, 할머니, 할아버지, 형, 형님
- **부분명사** : 가슴, 고개, 귀, 그림자, 꼬리, 눈(眼), 눈길, 눈물, 눈치, 다
  리, 등(背), 마당, 머리, 목, 목소리, 목숨, 몸, 무릎, 문제점, 바닥,
  발, 배(腹), 벽, 복식(服飾), 뿌리, 상처, 생일, 손, 손가락, 수도, 숨,
  시각(視角), 시선(視線), 신경, 신체, 어깨, 얼굴, 요소, 이름, 인생,
  입, 입술, 잎, 장면, 재료, 주인공, 주체(主體), 집단, 측면, 코, 팔, 표
  정, 피, 피부, 허리, 회원, 화면
- **속성명사** : 가격, 가능성, 가치, 값, 개념, 개성, 경제, 고통, 공간, 과
  정, 구조, 규모, 기(氣), 기능, 기분, 길이, 나이, 날씨, 내용, 냄새,
  뜻, 마음, 맛, 모습, 모양, 미(美), 바탕, 방향, 배경, 범위, 분위기, 비
  용, 삶, 상태, 색(色), 색깔, 성격, 세력, 소리, 속도, 속성, 양(量), 양
  상, 에너지, 운명, 의지, 이미지, 이익, 임금(賃金), 정도, 정신, 조건,
  종류, 주제(主題), 크기, 키(个子), 특성, 특징, 폭(幅), 형 태, 화, 힘
- **위치명사** : 가운데, 곁, 근처, 남쪽, 내부, 뒤, 속(수박 속), 밑, 아래,
  안, 앞, 위, 주변, 주위, 중간, 중심, 옆, 오른쪽, 외부, 왼쪽, 이웃, 정
  상(頂上), 후반19)

---

19) 위치명사는 품사 부류에서는 엄연한 명사이지만 사용면에서 다른 명사들보다
   독립성이 많이 떨어져 거의 의존명사에 가깝게 쓰이고 있다. 때문에 이 책에서
   는 1항명사의 한 부류로 분류까지만 하고 그 아래의 논의들에서는 위치명사를
   논의하지 않는다.

3.4. 2항명사의 분류

(37) 가. 임무를 떠맡은 경리는 그 결과에 대해 책임이 있다.
　　　나. 정애는 어머니가 옷을 만드는 걸 자주 봐 복장설계에 특별한
　　　　　흥취가 있다.
　　　다. 직장에서 남자들은 얼굴이 예쁜 여성보다는 이지적인 여성에게
　　　　　호감을 갖는다.
　　　라. 선생님은 이 일에 의견이 있다.

위의 예문에서 동사 '있다'는 2항동사로 '경리'와 '책임' 두 논항을 가
진다. '그 결과'는 동사 '있다'의 논항이 아니라 명사 '책임'의 논항이다.
이 문장에서 '경리'는 술어동사의 논항인 동시에 '책임'의 논항이기도 하
다. 의미적으로 보면 '책임'은 "한 사람이 다른 사람이나 일에 대한 임무
나 의무"를 가리키는 것으로 두 개체가 포함된다.
(37가)의 논항구조를 나타내 보이면 아래와 같다.

(38) 있다 : 〈소유주, 대상〉
　　　　　경리　　책임
　　　책임 : 〈주체,　　대상〉
　　　　　경리　　그 결과

때문에 '책임'은 두 논항을 요구하며 2항명사(divalent noun)이다. 마
찬가지로 (37나~라)의 '흥취', '호감', '의견' 등의 논항구조는 아래와
같다.

(39) 가. 흥취 : 〈주체,　　대상〉
　　　　　　정애　　복장설계

　　나. 호감 : 〈주체,　　대상〉
　　　　　　　 남자들　여성들
　　다. 의견 : 〈주체,　　대상〉
　　　　　　　 선생님　이 일

　이렇게 '흥취, 호감, 의견'은 그 어휘적 개념 구조에서 그것을 지닌 주체와 그것의 대상이 필요하다. 이처럼 2항명사는 두 논항이 문장 속에서 공기할 것을 요구한다. 특정의 화맥이 주어지지 않을 경우, 두 논항 중 하나가 문장에서 실현되지 않으면 그 문장은 의미적으로 완정하지 못한 문장으로 된다. 예하면

　　(40) 가. *경리는 책임이 있다.
　　　　　나. *정애는 흥취가 없다.
　　　　　다. *남자들은 호감을 갖는다.
　　　　　라. *선생님은 의견이 있다.

위 문장들은 2항명사 '책임, 흥취, 호감, 의견'의 대상역이 실현되지 않았기에 의미의 완형을 이루지 못한다.

　한국어에서 2항명사에 속하는 명사를 아래와 같이 분류할 수 있다.

① 정감, 태도를 나타내는 명사 : 감정, 기쁨, 느낌, 모순, 스트레스, 용기, 자세, 재미, 정서(情緖), 태도, 동정심, 애정, 원한, 흥취, 신념, 신심, 자신, 영감(靈感), 반감, 경계심, 적의, 열정, 호감…
② 견해, 논점을 나타내는 명사 : 견해, 결론, 관점, 논리, 사상, 상식, 원칙, 의견, 이념, 이론, 이유, 입장, 편견, 여론, 인상…
③ 작용, 효과를 나타내는 명사 : 기반, 기초, 기준, 계기, 권력, 권리, 능력, 도움, 목적, 목표, 세력, 성과, 수준, 어려움, 지식, 지혜, 책임, 핵, 핵심, 호의, 효과, 의의, 흡인력, 해석력, 통찰력, 은혜, 손해, 폐해…

④ 방침, 정책을 나타내는 명사 : 방침, 정책, 제도, 체제, 대책, 체계, 방법, 수단, 원칙, 법칙, **법**, **법률**, **표준**, **규율**, **책략**, **전략**, **기교**…[20)

'정감, 태도'류 명사는 모두 사람 혹은 기타 감정동물이 사람이나 사물에 대한 감정, 태도를 나타내는 명사로 '정감, 태도'의 소유자와 '정감, 태도'의 대상이 그것들의 논항으로 된다.

(41) 가. 노인의 조국에 대한 감정
나. 사람들의 여행에 대한 흥취
다. 학생들의 학업에 대한 열정
라. 소비자들의 새 산품에 대한 반응

(42) 감정 : 〈소유자(노인), 대상(조국)〉
흥취 : 〈소유자(사람들), 대상(여행)〉
열정 : 〈소유자(학생들), 대상(학업)〉
반응 : 〈소유자(소비자), 대상(새 산품)〉

'견해, 논점'류 명사는 사람이 사람이나 사물에 대한 견해를 말한다. 이 부류의 명사들은 견해의 소유자와 견해가 향하여지는 대상 이렇게 논항을 두 개 지배하며 2항명사에 속한다.

(43) 가. 사람들의 재산권에 대한 상이한 견해 때문에 미국 전체에 깊은 골이 생겨났다.
나. 토론된 내용에 대한 참석자들의 의견을 확인해야 한다.

(44) 견해 : 〈소유자(사람들), 대상(재산권)〉

---

20) 고딕체로 쓴 단어들은 빈도순으로 된 1,000항목에 들어있지 않은 명사들이지만 그래도 사용빈도가 꽤 높다는 필자의 직관에 의해 첨가된 것이다.

의견 : 〈소유자(참석자들), 대상(토론된 내용)〉

‘작용, 효과’류 명사는 사람이나 사물이 다른 사람이나 사물에 대한 작용을 나타낸다. 이 부류 명사들의 두 논항은 각각 ‘작용, 효과’를 발생하는 주체와 ‘작용, 효과’를 입는 대상이다.

(45) 가. 병사들에게는 인간의 삶과 자유에 대한 권리가 자신의 생존보다 더 중요한 것이다.
나. 회사는 여유자금의 활용에 대한 기준이 아직 미비하다.

(46) 권리 : 〈주체(병사들), 대상(인간의 삶과 자유)〉
기준 : 〈주체(회사), 대상(여유자금의 활용)〉

‘방침, 정책’류 명사는 집단이나 사람이 사물이나 정치에 대한 계획, 방향을 나타내며, ‘방침, 정책’을 제정하는 행위주역과 대상역이 두 논항으로 된다.

(47) 가. 이번 회의에서는 미래산업사회의 문제점에 대한 대책을 집중적으로 논의하였다.
나. 언어는 인간 교제와 사상 교환의 수단이다.

(48) 대책 〈주체(이번회의), 대상〈미래산업사회의 문제점)〉
수단 〈주체(언어), 대상(인간 교제와 사상 교환)〉

위에서 볼 수 있다시피 2항명사는 거의가 구체적인 사물을 나타내는 명사가 아니라 추상적인 명사이다.

3.5. 기타 명사

3.3에서 제출한 1항명사 이외에도 1항명사에 속하는 명사가 있다. 예하면 약물을 나타내는 명사, 직업 명사 등이다.

> (49) 가. 요즘 새로운 항암약을 발명하였다.
> 　　　가′. [?]요즘 새로운 약을 발명하였다.
> 　　　　　약 : 감기약, 설사약, 항암약…
> 　　　나. 영희는 치과 의사이다.
> 　　　나′. [?]영희는 의사이다.
> 　　　　　의사 : 치과 의사, 내과 의사, 피부과 의사, 산부인과 의사…
> 　　　다. 그분은 영어 선생이다.
> 　　　다′. 그분은 선생이다.
> 　　　　　선생 : 영어 선생, 중문 선생, 한국어 선생, 화학 선생…

위의 예문의 '약'과 '의사'는 언어에서 보충어 없이 자주 쓰이는 단어들이다. 겉으로 보기에는 논항을 필요로 하지 않는 명사들인 것처럼 보일지도 모른다. 하지만 의미의 완결성을 보장하기 위해선 '무엇에 대한 약'인지, '무슨 병을 보는 의사'인지 명확히 밝혀야 한다. '교사, 선생, 학생'은 관계명사로 착각하기 쉬운 명사이다. 하지만 이 명사들은 '아버지'는 '아들'을 전제로 하는 명사인 것과는 달리 무엇을 전제로 하는 관계명사가 아니라 직업을 나타내는 명사이다. 이 두 명사는 '스승, 제자'와는 다르다. '스승, 제자'는 서로 전제로 하는 관계명사이다.

추상명사들만 2항명사인 것은 아니다. 일부 구체사물을 지시하는 구상 명사에도 2항명사에 속하는 것이 있다. '선물, 예물, 요청서, 청첩장, 감사신, 통지서, 전서(戰書), 도전서(挑戰書), 임명서, 공문, 편지, 선물, 메시지…' 등은 주체와 대상 두 논항을 요구한다.

> (50) 가. 영희가 동생에게 편지를 쓴다.
>   나. 철이는 선생님한테서 선물을 받고 너무 좋아 입을 다물지 못했다.
>   다. 그들은 선생님께도 청첩장을 드렸다.

'편지'는 편지를 쓰는 주체와 받는 대상이 나타나야만 완형문이 된다. 아마 (50나)에서 '철이'와 '선생님'은 동사 '받다'의 논항이지 '선물'의 논항인 것은 아니라고 할지도 모른다. 물론 동사 '받다'는 '행위자, 수혜자, 대상' 이렇게 세 논항을 가진다. 때문에 '철이'와 '선생님'은 동사 '받다'의 논항이 된다. 그런데 '선물'도 개념적으로 '선물을 주는 주체'와 '선물을 받는 대상'을 개념적으로 필요로 한다. 때문에 '철이'와 '선생님'은 동사 '받다'의 문장 층위의 논항이면서 또 '선물'의 어휘 층위의 논항이 된다고 할 수 있겠다.

3.3과 3.4에서 각각 자릿수를 하나, 두 개 가지는 명사들에 대해 분류해보았다. 위에서 분류한 명사 이외의 것은 다 0항명사인 것은 아니다. 우리가 논항이 필요치 않다고 여기는 0항명사 '바다, 해, 달' 등도 일정한 언어환경에서는 여전히 논항을 가진다. 예하면 '목성의 바다', '지구의 공기'에서 '목성', '지구'는 '바다', '공기'의 논항으로 출현하였다. 현재 인류의 인식수준에서 보면 아마 제일 큰 객체는 '우주'일 것이다. 이런 의미에서 보면 진정한 의미에서의 0항명사는 '우주, 세계' 이 두 명사 밖에 없다고 할 수도 있다.

여기서는 주로 3.3과 3.4에서 분류한 1항명사, 2항명사에 대해 논의한다. 기타 논항구조를 가지는 명사에 대해서는 앞으로의 연구과제로 남기기로 한다.

3.6. 비서술성 명사의 논항의 의미역 구축

20세기 60년대 Gruber(1965)와 Fillmore(1968)가 제일 먼저 술어동사와 해당 명사구 사이의 의미관계를 표시하는 격(case)이란 개념을 제출하였다. 격(case)을 일명 의미격(semantic case)이라고도 한다. 격문법은 그전의 변환생성문법이 해결하지 못한 중요한 문제를 명확히 설명하였다. 영어에서 보면 각종 문법관계와 의미격과의 상호관계가 명확하지 못하다. 그래서 영어에서 항가로서의 통사와 의미에 대해 완비하게 설명하기 위해 문법관계 외에 다른 술어(述語)를 증가할 필요가 있었다. 이것이 바로 Fillmore가 제출한 격이란 개념이다.

> (51) 가. John opened the door with the key.
> 　　　나. The key opened the door.
> 　　　다. The door opened.

이상의 문장들에서 John, the key와 the door가 각각 주어라고 하면 매개 문장에서 이들이 의미적으로 담당하는 역할(role)들의 차이가 인식되지 않는다고 말할 수 있다. 그러나 거기에 부동한 의미격을 부여함으로써 그러한 차이를 기술할 수 있다. 즉 그들은 각각 행위주, 도구, 수동자가 된다. 20세기 80년대, Chomsky는 C. J. Fillmore, R. Jackendoff, J. J. Katz은 Theta-role, 약칭으로 θ-role으로 고쳤을 뿐만 아니라 그것을 원칙과 변수이론에 받아들여 그중에서 아주 중요한 의미역 이론(Theta Theory)으로 발전시켰다는 것은 주지의 사실이다. 김기혁(1997) 등 한국 학지들은 의미역 이론을 한국이 연구에 도입시켜 비교적 상세히 소개하고 연구한 적이 있다.

의미역은 개념적인 것이다. 이러한 개념적 역할들은 개념적 특징과 마찬가지로 정확한 정의를 지어줄 수 없다. 때문에 이들은 사용상에 있어서 이의(異義)없이는 쓰일 수 없다. 그렇기 때문에 원칙적인 차원에서 의미역의 수량에는 제한이 없다. 의미역은 중요한 개념으로서 이것과 통사성분 사이의 연계와 구별을 정확히 이해하는 것이 더욱 중요하다. 개념적인 의미역은 통사성분을 담당하는 명사의 의미자질의 추상과 개괄이라 할 수 있다. 통사성분을 의미역에 의해 실현된다고 간주할 수 있다. 다시 말하면 통사성분은 의미역의 예시 혹은 실현, 문법화의 결과로 간주할 수 있다는 것이다. 문법적 표시(mark)는 언어에 따라 다르지만 개념적 특징의 표현인 의미역은 모든 언어에 적응된다. 그래서 통사성분은 비록 구체적 언어의 문법적 표시에 달려 있지만 그들이 표시해 주는 개념적 역할의 뜻에서 언어의 제한을 넘어 비교할 수 있다. 그것은 문법적 역할은 문법적 형식에 의하여 정의되기 때문이다. 그들은 똑똑히 변명될 수 있지만 그 수량에는 제한이 있다. 하지만 개념적 역할은 똑똑히 정의하기가 어렵고 그 수량도 명확히 정할 수 없다. 그중 중요한 개념적 범주와 문법적 범주의 관계가 일대일의 관계가 아니라는 것이며 이들 사이에는 명확한 대응관계가 존재하지 않는다는 사실이다. 한국어에서는 통사성분인 주어가 개념적 역할의 차원에서 행위주(agent)뿐만 아니라 경험주(experiencer)도 포함하고 있다.

    (52) 가. 희선양은 사과를 먹었다.(행위주)
       나. 희선양은 사과를 좋아한다.(경험주)
       다. 희선양은 그 아이를 여기 오라고 했다.(사역주)(필옥덕, 2004)

논항이 핵어의 의미와 관련하여 지니는 의미기능이 곧 의미역(theta

role)이다. 임홍빈·이홍식 외(2002 : 117)에서 지적하였듯이 의미역은 원초적(primitive)으로 존재하는 것이 아니라 결과를 통해 역으로 해석한 의미 범주이다. 서술성 명사의 논항의 의미역은 대체로 용언의 논항의 의미역과 평행하게 처리할 수 있다.

    (53) 가. 밀- : 〈미는 자(행위주 Agent), 미는 대상(대상 Theme)〉
         나. 철수가 상자를 밀었다.

    (54) 가. 연구 : 〈연구하는 사람(Agent), 연구의 대상(Theme)〉
         나. 선생님께서 학문 연구에 열중하신다.

그런데 의미역의 종류에 대해서는 합의된 내용이 없다. 격(case) 개념을 현재의 의미역 개념과 동일시한 Fillmore(1968)의 『격문법(case grammar)』이 체계적으로 의미역을 언급한 초기의 업적인데 이 의미적 격의 종류와 내용은 Fillmore 자신과 다른 여러 학자들에 의해 계속 논의되는 가운데 조금씩 변화를 입는다. 이선웅(2004)에서는 의미역의 종류에 대한 가장 정밀한 기술로 홍재성 외(2002)를 꼽고 있다. 즉 홍재성 외(2002)의 의미역 분류는 의미역을 최대한 분화시켜서 한국어의 모든 예문을 설명할 수 있도록 기술하려고 노력했다는 것이다.

이선웅(2004)에서는 서술성 명사의 논항이 지니는 의미역 종류로 홍재성 외(2002)의 의미역 분류에 두 가지를 더 추가했다.21)

이선웅(2004)에서는 비서술성 명사가 취하는 논항의 의미역에 대해서도 간단하게 논의하였다. 이선웅(2004)은 홍재성 외(2003 예정)를 참고로 한 기초에서 비서술성 명사의 논항들이 갖는 의미역을 대체로 '주체, 대상, 공간, 내용, 분야, 자격, 소속, 복적, 소유주'로 분류하였다.

---

21) 자세한 내용은 이선웅(2004 : 31-36) 참조.

이 분류를 보면 아래와 같다.

(55) 가. 주체
　　　가′. 'X-의 Y능력'(철수의 계산 능력), 'X-의 Y예산'(정부의 국방
　　　　　예산), 'X-의 쪽지'(철수의 쪽지), 'X-의 Y-에 대한 철퇴'(적군
　　　　　의 아군에 대한 철퇴)에서의 X의 의미역
　　　나. 대상
　　　나′. 'X-의 세대'(아버지의 세대), 'X-의 아버지'(음악의 아버지),
　　　　　'X-의 의미'(문장의 의미)에서의 X의 의미역
　　　다. 공간
　　　다′. 'X-의 Y사례'(외국의 백혈병 치료 사례), 'X 시간'(한국 시간),
　　　　　X의 중심부'(서울의 중심부)에서의 X의 의미역
　　　라. 내용
　　　라′. 'X-의 Y-의 소리'(고객의 불만의 소리)에서의 Y의 의미역, 'X-
　　　　　의 소문'(전쟁의 소문)에서의 X의 의미역
　　　마. 분야
　　　마′. 'X-에 대한 상식'(육아에 대한 상식)에서의 X의 의미역
　　　바. 자격
　　　바′. 'X의 역할'(아버지의 역할)에서의 X의 의미역
　　　사. 소속
　　　사′. 'X-의 Y 선생'(고등학교의 영어 선생)에서의 X의 의미역
　　　아. 목적
　　　아′. 'X-의 수단'(선교의 수단), 'X-의 매체'(홍보의 매체)에서의 X
　　　　　의 의미역
　　　자. 소유주
　　　자′. 'X-의 얼굴'(철수의 얼굴)에서의 X의 의미역

이 분류는 논항의 의미역을 하나하나 분류하여 보인 것이기에 개괄
성이 좀 모자라는 느낌이 없지 않다. 그리고 (55사)의 '소속'역이라고

한 '고등학교'는 '선생'의 논항이 아니다. '선생'는 개념적으로 필요한 것은 '무엇을 가르치는 선생'인가를 밝히는 내용역 하나이다. (55마)에서 제기한 '분야'역은 '대상'역에 종속시킬 수 있다고 본다. (55다)의 '공간'역을 보면 'X-의 Y사례'(외국의 백혈병 치료 사례)에서 '외국'은 '사례'의 논항이 아니다. 어휘특질구조적으로 '사례'는 '무엇에 대한'이란 '대상'역이 필수성분으로 요구될 뿐 공간을 나타내는 '외국'은 필수적인 성분이 아니다. 장소, 시간은 어디에나 두루 쓰이는데 논항이 아니다. 'X의 중심부'(서울의 중심부)를 보면 '서울 : 중심부'는 '전체 : 부분'의 관계를 이루고 있다. 이때 '서울'은 공간역이 아니라 '중심부'의 주체역이 된다. 따라서 '공간'역의 설정은 필요치 않은 것으로 보인다.

(55마)의 'X-에 대한 상식'(육아에 대한 상식)에서 X(육아)의 의미역을 '분야'역으로 분류하였는데 이것은 '분야'라기보다는 '무엇에 대한 것인가'하는 '대상'역이라고 하는 것이 더 좋을 듯싶다.

'X-의 역할'(아버지의 역할)에서 X의 의미역을 '자격'역으로 분류하였는데 이때 이 X의 의미역 굳이 세분하지 않고 '주체'역에 포함시킨다.

의미역을 최대한 분화시켜서 정밀하게 기술하는 것도 필요하겠지만 아무리 분화시켜도 모든 한국어 예문을 다 설명할 수는 없을 것이다. 되도록 언어의 경제성을 존중하면서 개괄해 보는 것도 바람직하다고 본다. 그래서 이 책에서는 1항명사에 속하는 관계명사와 2항명사의 의미역을 아래와 같이 구축한다.

> (56) 가. 소유주
> 　　　가'. 'X-의 손'(영수의 손), 'X-의 성격'에서의 X의 의미역
> 　　　나. 주체
> 　　　나'. 'X-의 Y-에 대한 감정', 'X-가 Y-에게 쓴 편지'에서의 X의 의미역
> 　　　다. 대상

다′. 'X-의 Y-에 대한 감정', 'X-가 Y-에게 쓴 편지'에서의 Y의 의미역
라. 내용
라′. 'X-의 소문'(전쟁의 소문)에서의 X의 의미역[22]

'영수의 손'에서 '영수'는 '손'의 소유자라고 할 수도 있겠지만 '주체'라고 해도 별문제 없다고 생각한다. 하지만 '차의 속도', '학교에서의 선진 사업일군에 대한 기준' 등에서 '차'나 '학교'와 같이 주체가 유정성을 띠지 않는 명사일 경우에는 '주체'역이 적합하다.

---

22) '내용역'은 보문명사를 염두에 두고 설정한 의미역이라고도 할 수 있다. 이 책에서는 보문명사에 대한 논의를 하지는 않지만 비서술성 명사의 의미역으로 제기해야 할 필요성은 있다고 본다. 앞으로 계속 되는 연구의 준비작업이 되기도 한다. 또한 우리말에 3항명사가 있다고 하는 견해도 있다. 이선웅(2004)에서는 '소리'가 논항이 세 개라고 했다. 하지만 명사의 기본적 의미에 따라 기본 논항구조를 논의하는 필자에게 있어서 굳이 3항명사를 꼽으라고 한다면 '편지'가 거기에 해당된다고 생각한다.
편지 : 〈주체, 대상, 내용〉
영수는 어머니께 잘 지낸다는 편지를 보냈다.
하지만 필자는 우리말에서 굳이 3항명사를 설정해야 할 필요성이 없다고 본다. 즉 '편지'의 논항구조를 '주체, 대상'으로 본다.

제 4 장

논항표지

　GB이론에서 D-구조는 의미역 부여와 연관이 있는 '문법기능'과 이러한 문법기능을 가진 '논항'이 나타나는 표시층위(level of representation)가 되는데, 그렇다면 이러한 의미역이 어떤 방법으로 어떻게 논항에 부여되는가 하는 것을 살펴볼 필요가 있다.[1]

　명사구 내부에서 핵 명사의 논항은 언제나 수의적으로 출현하기 때문에 명사는 논항구조를 갖지 않는 것으로 인식하기 쉽다. 그러나 논항구조를 핵어가 요구하는 개념적으로 필수적인 요소를 제시하는 틀로 이해할 때 명사에도 분명히 논항구조는 존재한다. 명사의 논항은 동사와는 달리 일반적으로 반논항의 성격을 지닌다. 비서술성 명사의 논항구조는 그것을 유추할 만한 용언서술어가 없을 뿐만 아니라 서술성 명사의 논항구조 역시 그에 대응하는 서술어의 논항구조와 완전히 일치하지는 않기 때문에 명사의 논항구조는 독자성을 지니고 있다고 할 수 있다.

---

1) 시정곤 외(2000), 『논항구조란 무엇인가』, 월인, p.122.

문법체계의 임무는 인간언어에서 모든 가능한 문장을 형식화된 형태로 기술하는 것이며 모든 형식화 기술은 문법에 맞는 가능한 문장에 대한 형식화에 대한 기술이다(필옥덕, 2004 : 47).

핵 명사가 자신의 논항을 취해 명사구를 구성할 때, 논항은 무표지로 나타나는 경우도 있지만 여러 가지 표지를 갖고 나타나기도 한다.

여러 가지 의미역을 실현하기 위해 동사의 논항이 이용하는 표지의 수효와 비교해 볼 때, 명사의 논항이 이용할 수 있는 표지는 아주 빈약하다. 비서술성 명사의 논항표지는 더더욱 적어 속격 표지 '-의', 속격 무표지, '-에 대한'으로 한정된다.

4.1. 1항명사의 논항표지

한국어에서 통사론적 구성에 의한 명사와 명사의 통합체 중에서 대표적인 것이 속격조사 '-의'에 의한 명사구이다.

'-의'는 '관형격 조사, 소유격 조사, 속격 조사, 지격(持格) 조사' 등의 술어(述語)로 불려 왔다. 이 술어들은 각기 '-의'의 기능과 의미적 속성에 중심을 두고 명명된 것으로 보인다. 여기서는 '-의'를 속격 표지[2]로 부르고 '-의' 명사구를 속격 명사구라고 부르며 그 변이형 'Ø'의 경우에는 무표적 속격 명사구라 부른다.

1항명사의 논항은 거의 대부분이 '의' 통합명사구이거나 무표지 명사

---

[2] 격(Case)이란 용어는 의미론적 타당성을 갖는 통사관계를 가리키는데 사용되고, 격표지(Case-marker)는 개별언어의 격관계의 형태론적 표현을 지칭한다(양동휘·김용석·이홍배·임영재 공저, 1991).

구이다.

>(1) 가. 철수의 아버지
>　　가′. 철수 아버지
>　　나. 영남의 조카
>　　나′. 영남 조카
>　　다. 옷의 색깔
>　　다′. 옷 색깔
>　　라. 물고기의 맛
>　　라′. 물고기 맛
>　　마. 철수의 다리
>　　마′. 철수 다리
>　　바. 토끼의 눈
>　　바′. 토끼 눈
>　　라. 책상의 아래
>　　라′. 책상 아래

　(1)의 핵 명사들은 다 1항명사인데 그 앞에 '-의' 속격구나 '-의'가 생략된 무표지 속격구를 종속성분으로 필요하다. 그래야만 핵 명사의 개념적 의미가 완정해질 수 있다. 김광해(1981)에서는 위와 같은 명사구들에서 '-의'가 생략되어 무표지로 나타날 수 있는 경우를 N_1과 N_2의 의미적 관계에 따라 다음과 같은 세 가지 경우라고 지적했다. 즉 N_1과 N_2가 '소유주-피소유물의 관계', '전체-부분의 관계', '친족관계', 이 세 가지 경우에 무표지로 나타날 수 있다는 것이다. 이 책에서는 여기에 약간한 수정을 가해야 함을 지적하고 싶다. 1항명사에 속하는 속성명사와 위치명사가 명사구의 핵 명사일 경우에도 (1다, 라, 바)처럼 역시 '-의'가 생략된 무표지로 나타날 수 있다. '-의' 명사구와 무표지 명사구가

의미표현에서 미세한 차이는 있겠지만(이에 대한 설명은 뒤에서 이루어짐) 대체적인 의미전달에는 별 문제가 없다.

김광해(1981)는 '소유주-피소유물의 관계', '전체-부분의 관계', '친족 관계'는 그 관계들이 사물들의 존재와 더불어 이미 전제되어진 조건으로 현실에 존재하며, 그에 대한 '사고과정' 또는 '인식과정'과는 관계없이 하나의 덩어리로서 현실에 존재하는 것으로 이러한 관계하에 있는 N_1과 N_2는 '-의'라는 특별한 통사장치에 의해 관계지워지는 과정이 필요없이도 공기될 수 있도록 전제되어 있다고 했다. 1항명사에 속하는 속성명사도 크게는 '소유주-피소유물의 관계'에 속한다고 볼 수 있다.[3] 예하면 '옷'이 있으면 반드시 그 '색깔'이 있기 마련이고 '물고기 요리'는 반드시 그 '맛'이란 속성이 있기 마련이다. '옷'은 '색깔, 값, 사이즈' 등등 속성을 포함하고 있는 것이다. '전체-부분의 관계'와 '소유주-피소유물 사이의 관계'를 아래와 같이 도식화 할 수 있다.

(4) '전체-부분의 관계'와 '소유주-피소유물의 관계'

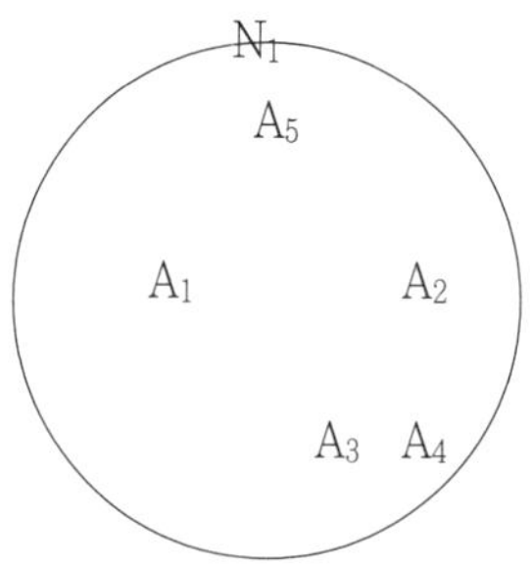

---

3) 김광해(1981)에서 말하는 '소유주-피소유물의 관계'의 명사는 '철수의 책, 어머니의 옷, 이순신의 거북선' 등의 관계를 말한다. 본고에서 논의하는 속성명사는 거기에 포함되지 않았다. 하지만 '옷의 색깔'에서 '색깔'과 같은 속성을 주체의 일부분으로 간주하여 '전체-부분의 관계'로 인식할 수도 있다.

앞의 도표에서 N_1은 '전체' 혹은 '소유주'를 가리키고 'A_1, A_2, A_3, A_4, A_5…'는 N_1을 구성하는 일부로 각각 N_2로 될 수 있는 것들이다.

한 물체가 존재하기만 하면 반드시 그 '위, 아래, 뒤…' 등 공간이 존재하기 마련이다. 이런 명사들은 공간위치관계를 나타내는 명사들인데 그 자체가 '운동장, 학교' 등 장소 명사들처럼 하나의 완정한 공간을 나타낼 수 있는 명사가 아니라 반드시 그 기준물과 함께 출현해야만 의미가 있는 명사들이다. 따라서 이런 공간 위치 관계 명사와 기준물 사이의 긴밀함이 마치 하나의 덩어리처럼 인식되므로 '-의'가 생략되어도 N_1과 N_2는 공기할 수 있다. 이와 같이 '사람'이 존재하기만 하면 반드시 부모, 형제 및 기타 친족관계가 있기 마련이다. 부모, 형제 및 기타 친족관계를 나타내는 친족명사 역시 한 인간을 참조물로 제시해야만 명확하게 지시할 수 있다. 친족관계와 공간위치관계를 아래와 같이 도식화 할 수 있다.

(5) 친족관계와 공간위치관계

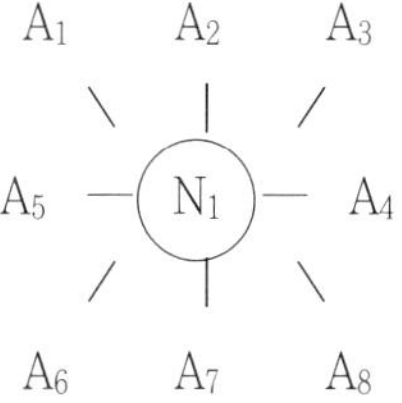

위 도표에서 N_1이라는 사람이나 사물이 존재할 때 A_1, A_2, A_3… 등 많은 친족(아버지, 어머니, 고모, 삼촌, 할머니, 아들, 남편…) 또는 공간위치(위, 아래, 뒤, 옆…)가 존재한다. 그중 하나가 N_2로 되었을 때 N_1과 N_2는 하나의 덩어리처럼 인식된다.

그런데 통사적으로 '-의'속격 표지가 실현될 수도 있고 무표지로 실현될 수도 있는 것은 무표지 명사구와 '-의' 명사구가 의미면에서 약간의 차이도 없다는 것은 아니다. 또 모든 1항명사가 '-의'의 실현과 무표지 실현이 다 자연스럽게 실현되는 것도 아니다. 이는 '-의'의 실현과 무표지 사이에는 의미적 차이가 존재함을 의미한다. 이것은 '-의'의 의미기능과 관련이 있다. 속격 명사구의 기능에 대한 논의로서, 위에서 제기했던 김광해(1984)는 관형 조사 '-의'의 분포 상황에 따라 N_1과 N_2가 항목 연결성을 지닐 때 무표적 실현(∅, Zero 관형)이 가능하나, 항목 연결성을 지니지 못할 때 N_1과 N_2의 강제적 연결의 기능으로 '-의'가 유표적으로 실현된다고 했다. 따라서 '-의'의 기능은 N_2가 N_1의 범위(영역) 속에서 어떤 관계 아래에 있음을 표시해주며, N_1을 N_2에 대해 종속부로 기능하게 하는 통사 장치로 설명하고 있다.

속격 구성에서 속격 표지 '-의'의 기능에 대한 기존 연구를 보면 "핵 명사(N_2)에 대한 딸림 성분을 하게 하는 기능(김광해, 1984), 항목 연결의 기능(김광해, 1984 ; 김기혁, 1990), 명사구의 생성과 확장의 기능(임홍빈, 1987)", 그리고 "핵 명사의 뜻을 더욱 분명하게 하는 속격 수식의 기능(박호관, 2000)" 등 여러 가지로 분석하고 있다.

이남순(1988 : 4.3.)에 따르면 'NP$_1$+NP$_2$'는 선행 명사구가 후행 명사구의 부분을 한정하는 것으로 이해되고 'NP$_1$의 NP$_2$'는 선행 명사구가 동일한 패러다임 속에서 서로 대립하고 있는 체언들 중 어느 한 체언을 선택하여 한정하는 것으로 이해된다. 그는 전자를 부분한정, 후자를 선택한정이라고 하였다. 다시 말해 'NP$_1$의 NP$_2$' 구성에서 인식의 출발점은 'NP$_1$'이 존재를 확인한다는 것이다. 이는 임홍빈(1981)에서 '의'의 기능을 선행 명사의 존재를 전제하는데서 찾는 논의와 기본적으로 비슷한 관점을 취하는 것이다. 예컨대 이남순(1988 : 76)에서는 '어머니 손길'과 '어머니의 손길'을 다음과 같은 포함관계로 보이고 있다.

(6) 가. 따스한 어머니의 손길이 느껴졌다. ―어머니의 손길 : 어머니⊃손길

　　나. 따스한 어머니 손길이 느껴졌다. ―어머니 손길 : 손길⊃어머니

임홍빈(1981나)은 'NP$_1$의 NP$_2$'와 같은 속격구성에서 NP$_1$에 오는 존재와 유기적인 관련을 이루는 대상이 NP$_2$에 오면 속격구성은 '의'의 요구조건을 충족시킨 것이 된다고 하였다. (6가)와 (6나)가 다르게 여겨지는 점은 (6가)는 '어머니'와 '손길'을 느끼는 주체 사이의 물리적인 거리가 가깝게 느껴지고 그 주체는 이미 가까이서 어머니의 존재를 의식하고 있다고 생각되는 반면 (6나)는 '어머니'와 '손길'을 느끼는 주체 사이의 물리적인 거리가 문제되지 않는 것으로 느껴지고 또 그 주체의 '어머니'의 존재에 대한 의식여부에 관계가 없는 것으로 생각된다는 것이다.

(6가)의 주체가 이미 '어머니'의 존재를 의식하고 있는 것이라면, 적어도 '어머니'가 다른 대상('아버지, 형, 누나, 동생… 등')에 의해 대치될 수 없으나 '손길'은 다른 대상('체취, 숨소리… 등')에 의해 대치될 수 있는 것이다. 한편 (6나)의 주체가 '어머니'의 존재를 의식하고 있는 것이 아니라면, 주체는 자신에게 느껴지는 '손길'이 다른 대상('아버지, 형, 누나, 동생… 등')이 아니라 '어머니'라고 판단하고 있는 것이므로 '손길'은 다른 대상('체취, 숨소리… 등')과 대치될 수 없는 것이다. 다시 말하면 (6가)의 속격구성 '어머니의 손길'이 지닌 두 체언 사이의 한정관계는 선행체언인 '어머니'가 패러다임을 구성하는 후행체언들 중에서 '손길'을 선택하는 선택한정의 관계이고, (6나)의 속격구성 '어머니 손길'이 지닌 두 체언 사이의 한정관계는 선행체언 '어머니'가 '손길'의 부분을 한정하는 부분한정의 관계이다. 이와 같은 양자의 한정관계를 간략히 보이면 (7)과 같다.

(7) 가. 어머니의 손길   나. 어머니 손길

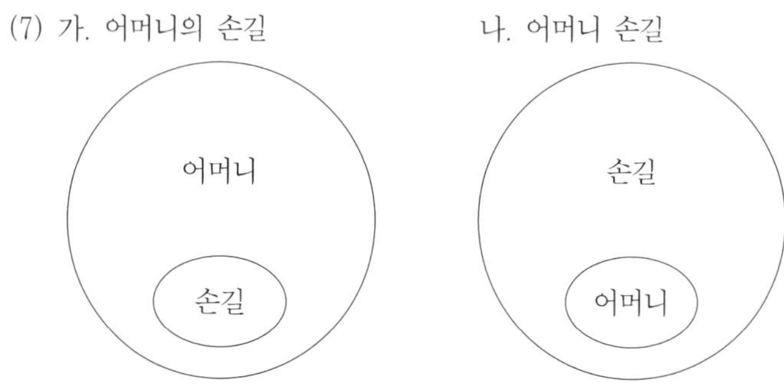

즉 속격 표지 '-의'의 사용과 생략은 화자의 의도와 밀접하게 관련되는 것 같다. (가)는 화자의 발화중점이 '어머니'라는 전체에서 다른 것이 아닌 '손길'에 놓일 때이라면 (나)는 '손길'이 다른 사람의 것이 아닌 '어머니'의 것이라는데 중점이 놓인다. zero형식으로 쓰인 '어머니 손길'은 '어머니의 손길'보다 밀접하게 연결되어 있어 하나의 명사처럼 느껴지기도 한다. 화용론적인 면에서 담화자의 의도에 따라 두 가지 중 하나가 선택될 수 있다.

한국어 명사구의 통사구조를 보면 (8)과 같다(박호관, 2001).

(8)

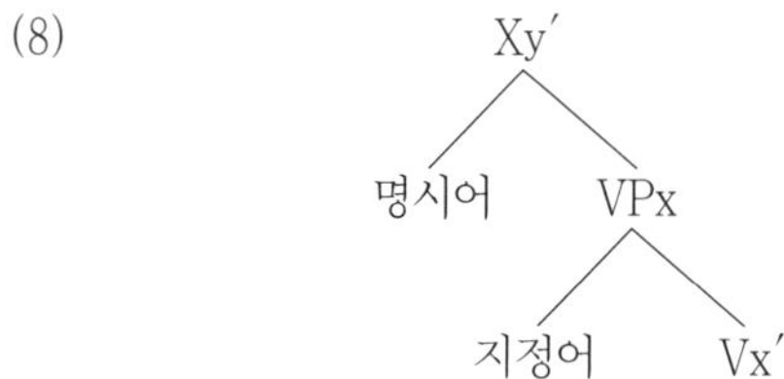

속격 명사구 통사구조를 표시하면

(9) 속격 명사구의 구조

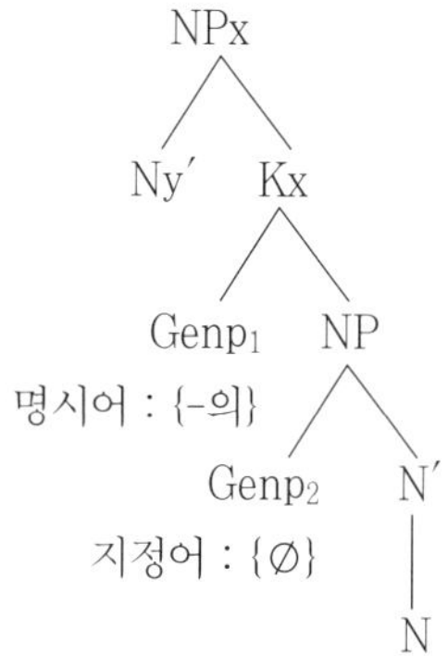

위의 구조 (9)는 명사를 핵 성분으로 하는 속격 명사구 틀로 NP와 자매항인 명시어는 외부 확장의 위치로 유표적 속격 '-의'가, 그리고 N′과 자매항인 지정어는 내부 확장 위치로 무표적 속격 'Ø'를 설정할 수 있다.

속격 명사구는 유표적이든 무표적이든 대상의 존재에 대한 [전제]의 의미를 지니며 N_1과 N_2의 의미적 특성에 따라, 속격(N_1)이 핵 명사(N_2)에 대한 존재 전제를 [지정]하는 의미일 때는 무표적 속격만 가능하고, 핵 명사의 대상을 드러내는 [명시]의 의미일 때는 유표적 속격만 가능하다. 그리고 [명시]와 [지정], 둘 다 가능할 때는 화자의 화용적 의도에 따라 수의적으로 선택된다.

위의 설명처럼 '-의' 속격 표지와 무표지는 미세한 의미차이가 있지만 여기서는 이 두 가지를 다 1항명사의 논항표지로 보는 데는 장애가 되지 않는다.

그런데 (1나, 나′)에서 (나)는 오직 한 가지, 종속관계의 의미만을 나타내지만 (나′)는 중의성을 띤다. (나′)를 "영남이라고 부르는 사람의 조카"로 해석할 수도 있고 상황에 따라서 "이름이 영남이인 조카"라는 뜻으로도 해석될 수 있다. 하지만 "이름이 영남인 조카"라는 뜻으로 해석될 경우 "영남"은 "조카"의 논항이 아니다.

친족명사에서 많은 경우 이런 중의성 문제가 생기게 된다. 이런 현상은 우리 언어습관과 밀접한 관련이 있는 듯 하다. '삼촌, 숙모, 언니, 형님…' 등의 친족어가 호칭어로 쓰일 때는 이름을 붙여 부르는 경우가 많기 때문에 위에서와 같은 중의성이 생기게 된다. 이런 중의성은 '현실의 존재'에 의해, 또는 '문맥상의 전제' 때문에 느끼지 못하고 그냥 지나가버리게 된다. Lyons는 그 예로 'London train'(→going to London, coming from London)은 중의적이나, 'London taxi'는 'London'에 속하는 것만을 의미하므로 중의성을 가지지 않는바 그 까닭은 오직 '현실'에 있다고 하였다.4) 즉 이런 중의성은 담화 환경에 의해 해소될 수 있다.

그러나 '아버지, 어머니, 아내, 남편' 등은 이런 중의성 문제가 생기지 않는다.

    (10) 가. 영수의 아내
         가'. 영수 아내
         나. 옥화의 어머니
         나'. 옥화 어머니

    (11) 가. 영수의 삼촌
         가'. 영수 삼촌(중의성)
         나. 옥화의 숙모
         나'. 옥화 숙모(중의성)

위의 예에서 '영수 아내'는 "이름이 영수인 사람의 아내"라는 의미만

---

4) 김광해(1981), p.50.

가질 뿐 "이름이 영수인 아내"라는 뜻은 가지지 않는다. 하지만 "영수 삼촌"과 "옥화 숙모"는 중의성을 띤다. 그것은 '삼촌, 숙모, 언니, 형님…' 등은 앞에 그 사람의 이름을 붙여 호칭하는 경우가 있지만 '아버지, 어머니, 아내, 남편' 등 친족어는 그 사람의 이름을 붙여 호칭하지 않는 우리 언어습관이 하나의 원인으로 된다. 또 더 중요한 원인은 '삼촌, 숙모, 언니, 형님…' 등은 여럿이 있을 수 있지만 '아버지, 어머니, 아내, 남편' 등은 이 세상에서 오직 하나뿐인 유일 존재이기 때문에 중의성이 생길 수 없다.

4.2. 2항명사의 논항표지

4.2.1. '-의'

2항명사의 논항은 외부논항5)과 내부논항으로 나뉘어진다. 외부논항

---

5) 외부논항에 대한 개념은 Willams(1980)에서 처음 소개되었다. 외부논항의 필요성은 형태-통사론에서 병합(incorporation)현상을 설명하기에 아주 훌륭한 개념이다. 예를 들면
  a. 영희가 공부를 한다.
  b. 영희가 공부한다.
  동사의 논항 중에서 동사와 결합이 잘 되는 논항이 있는가 하면 그렇지 않은 논항도 있는데 외부논항은 이에 대한 설명이 가능하기 때문이다.
  Williams(1981)는 외부논항을 술어의 최대투사 밖에 있는 논항이라고 정의했다. 그래서 목적어 논항은 술어의 최대투사 내에 있기 때문에 병합이 잘 되고 주어는 그렇지 않다고 설명하였다.
  Grimshaw(1990)에서 외부논항에 대한 논항구조 개념이 제안되었다. 의미역 구조에 있어서나 상적인 구조에 있어서 가장 우위적인 것이 외부논항이므로 이 우위적인 논항은 동사와의 결합관계가 가장 낮을 것이다. 반대로 우위성이 가장 낮

은 '의'에 의해 실현되고 내부논항은 우언적 형식 '에 대한'에 의해 실현된다. 외부논항에 실현되는 논항표지 '-의'는 1항명사에 실현되는 '-의'와 통사적 실현에서 좀 다르다. 1항명사에서는 대부분이 '-의'가 생략되어 무표지로 실현될 수 있지만 2항명사의 외부논항에 실현되는 '-의'는 생략될 수 없고 반드시 유표화하여야 한다.

> (12) 가. 그들의 조국에 대한 감정-*그들 조국에 대한 감정
> 　　나. 사람들의 여행에 대한 흥취-*사람들 여행에 대한 흥취
> 　　다. 사람들의 노약자에 대한 동정심-*사람들 노약자에 대한 동정심
> 　　라. 그의 예술에 대한 영감(靈感)-*그 예술에 대한 영감

그런데 (12)를 뒤섞기 규칙을 적용하여 외부논항의 통사적 위치가 아래와 같이 변하였을 경우 '-의'가 생략될 수 있다.

> (13) 가. 조국에 대한 그들의 감정-조국에 대한 그들(의) 감정
> 　　나. 여행에 대한 사람들의 흥취-여행에 대한 사람들(의) 흥취
> 　　다. 노약자에 대한 사람들의 동정심-노약자에 대한 사람들(의) 동정심
> 　　라. 예술에 대한 미자의 영감(靈感)-[?]예술에 대한 미자(의)영감

'그들'과 '감정', '사람들'과 '흥취', '사람들'과 '동정심', '미자'와 '영감'은 의미관계로 볼 때 이들은 '소유주-피소유물의 관계'를 이룬다. 때문에 소유주와 피소유물이 직접 연결할 때 '-의'가 생략될 수 있다. 그런데 '감정, 흥취, 동정심, 영감' 등은 2항명사이다. 이런 2항명사는 의미적으로 소유주와 대상 논항이 필요하다.

은 논항은 동사와의 결합 가능성이 가장 높을 것이다.

여기서 먼저 Grimshaw(1990)에서 제시한 논항구조를 보기로 한다. 논항구조는 두 차원으로 이루어 졌다. 하나는 의미역 구조이고 다른 하나는 상적 구조이다. 그리고 이들에는 우위성(또는 계층성(hierarchy))이 있다. 비서술성 명사에는 상이 존재하지 않기 때문에 의미역 우위성을 보면 대상역이 우위성이 가장 낮고 행위역이 가장 높다. 가장 낮은 의미역이 먼저 할당되고 가장 높은 의미역이 가장 나중에 할당된다.6)

(14) [Agent행위자 [Experiencer경험자 (Goal종점, 목표 / Source원천
    / Location장소 (Theme대상))]]7)

의미역이 가장 우위적인 것이 주어로 나타나고 외부논항으로 된다. 행위성이 없는 비서술성 명사에는 물론 행위자 의미역이 있을 리 없고 소유주 의미역이 여러 의미역 중 가장 우위적인 것으로 되는바 이것이 심층구조에서 외부논항의 위치에 있게 된다. 때문에 2항명사의 심층구조에서의 어순에는 소유주의 외부논항 위치에서 반드시 '-의'가 출현하

---

6) 의미역이 우위성이 있다는 것은 다음과 같은 복합구성에서도 증명된다. 의미역이 낮은 것이 복합구성의 내부에, 높은 것이 외부에 있는 것으로 보아서 의미역 우위성은 존재한다.
   (i) a. Man fears god. (Man : Experience, God : Theme)
       b. A good-fearing man.
   Man이 의미역 우위성이 높기 때문에 복합구성의 외부에 존재하기 때문에 (i a)가 정문이 된다. 그러나 다음을 보자.
   (ii) a. A student read a book. (stusent : Agent, book : Theme)
        b. *Student-reading of a book.
   (ii b)가 비문인 이유는 의미역 우위성이 높은 student가 복합구성의 내부에 있기 때문이다. 즉 의미역의 우위성을 어겼기 때문에 비문이다. 이 복합구성이 정문이 되기 위해서는 다음과 같이 우위성을 지켜야 한다.
   (ii) c. Book-reading by student.
7) 윤세웅(2001), 「중격구문의 논항구조에 관한 연구」, 『인문학연구』 Vol. 25, 조선대학교 인문과학연구소.

게 된다.

> (15) 가. 그들의 조국에 대한 감정
>   나. 사람들의 여행에 대한 흥취
>   다. 사람들의 노약자에 대한 동정심
>   라. 미자의 예술에 대한 영감(靈感)

예문 (15)는 (16)과 같이 통사구조의 변형을 통해서 소유주가 주어적 속격임을 알 수 있다.

> (16) 가. 그들의 조국에 대한 감정—그들이 조국에 감정이 있다.
>   나. 사람들의 여행에 대한 흥취—사람들이 여행에 흥취가 있다.
>   다. 사람들의 노약자에 대한 동정심—사람들이 노약자에 동정심이
>   있다.
>   라. 미자의 예술에 대한 영감(靈感)—미자가 예술에 영감이 있다.

위의 변형을 통해 알 수 있듯이 소유주인 '그들, 사람들, 사람들, 그'는 주어적 속격이다. 김광해(1981)에서도 논의했듯이 주어적 속격의 경우 '-의'는 생략할 수 없다.

4.2.2. '-에 대한'

논항표지들은 논항에 통합되는 표지이지 논항에만 통합되는 표지가 아니다. 논항은 주로 의미론적 근거에 의해 설정되기 때문에 엄밀하게는 언어형식과 무관할 것이다. 동사구의 다음 예를 보자.

    (17) 가. 철수는 부산에서 왔다.
        나. 철수는 운동장에서 논다.

위 (17가)의 '부산에서'는 논항인 반면 (17나)의 '운동장에서'는 논항이 아니다. 따라서 (17가)에서 격조사 '에서'를 논항표지라고 한다면, 그것은 다소 편의적인 성격을 지닌다. 명사구에서도 마찬가지이다. 명사구에서 '의' 등을 논항표지라고 부르는 것은 다소 편의적인 성격을 지니는 것이다. 명사구의 논항표지들도 (18)에서 보듯이 부가어에 얼마든지 통합될 수 있기 때문이다.

    (18) 가. 철수의 텔레비전
        나. 비극의 살인사건 현장
        다. 운동장에서의 경기

여러 가지 의미역을 실현하기 위해 동사의 논항이 이용하는 표지의 수효와 비교해 볼 때, 명사의 논항이 이용할 수 있는 표지는 극히 한정되어 있어 빈약하다. 동사의 논항이 이용하는 표지는 다 격조사들로 이루어졌지만 명사의 논항은 그것과 다르다. 명사의 논항은 직접 문장을 구성하는 성분이 아니고 그 하위계층에 속하는 것으로 문장을 구성하는 성분인 동사의 논항명사를 수식하는 성분으로 그것이 명사와 이루는 의미관계는 극히 제한되어 있다. 이것이 명사의 논항이 동사의 논항에 비교해 표지 실현양상에 상당한 차이를 가져오는 결정적인 요인이 된다. 위에서 이미 논한바 있지만 1항명사의 논항표지에 '의'가 있다. 2항명사에서 논항이 이용할 수 있는 표지가 '-의'와 '-에 대한'이다.

'대한'은 동사 '대하다'의 관형형이라는 데서 그것을 논항표지로 보는 것이 부적합하다고 할지도 모른다. 하지만 언어는 끊임없이 변화하는 실체이므로 이 변화를 예측하고 설명하려는 언어에 대한 연구도 또한 끊임없이 계속되어 왔다.

문법화(grammaticalization)란 전통적으로 어휘 요소(실질적인 의미를 지닌 실사)가 문법 요소(실질적인 의미를 지니지 않은 허사)로 기능이 바뀌어 가는 과정을 나타내는 언어 변화의 한 양상을 일컫는다.

'-에 대한'은 동사 '대하다'로부터 문법화 과정을 거쳐 조사처럼 쓰이고 그래서 2항명사의 논항표지로 볼 수 있다는 것이 필자의 견해이다. 때문에 아래에 먼저 '문법화'에 대해 알아보기로 한다.

문법화에 대한 가장 고전적인 정의는 Kuryłowicz가 규정한 것으로 "문법화는 어휘적 신분에서 문법적 신분으로 또는 덜 문법적인 신분에서 더 문법적인 신분으로 향상되어가는 형태소의 영역이 증가하는 것"이라고 하였다. 또한 문법화는 재분석(reanalysis)이나 통사화(synyacticization)라는 용어와 가깝게 쓰이고 있으며, 의미 탈색(semantic bleaching), 의미 약화(semantic weakening), 의미 퇴색(semantic fading), 응축(condensation), 축소(reduction), 삭감(subduction) 등등은 문법화라는 영역에서 수행되는 언어층위의 하위개념으로 쓰이고 있다.

문법화는 통시적 과정을 형성하는 하나의 과정으로 볼 수 있으며 또 한편 공시적 문법이나 언어 보편소를 이해하는 공시적 과정으로 볼 수도 있다.

한국어에는 통시적 문법화과정을 거친 문법형태들이 많다.

> (19) 가. 그 디새란 녜 잇던 딕 도로 다가 두라(置瓦子故處)〈구급간이
> 방 6 : 63〉
> 나. 이 창 꿈게 죵희를 다가 다 믜티고(把這窓孔的紙都地了)〈박통
> 사언해 중 : 58〉
> 다. 아츠미논 虛空애 나아 노다가 나조힌 므레 가 자느니(釋詳

13, 10)

라. 그뒷 나라홀 드러 八萬里밧긔 다가 더뎌 사기 볏아 디게 호리
라(釋詳 23, 57)

중세 한국어에서 '다가'는 (가~나)처럼 동사로 사용되기도 하며,
(다)처럼 동사의 어간에 붙기도 한다. 그리고 (라)는 명사의 처격형에
통합되고 있다. 현대 한국어에서는 중세 한국어의 분포와 크게 다르지
않으나, 다만 동사로서의 쓰임은 축소되고 그것의 활용형 '다가'의 문법
적인 역할은 다양하게 확대되어 접속어미, 보조조사, 보조동사 등으로
쓰이고 있다(이남순, 1996). 즉 '다가'는 중세 한국어 단계에서는 동사의
지위를 가지고 있던 '다ㄱ다'로부터 문법화된 것임을 어렵지 않게 보여
주고 있다. 따라서 이러한 문법화는 통시적 현상으로 기술될 수가 있는
것이다. 즉, 통시적 관점에 의하면 동사 '다가'는 문법적인 형태로 발달
해온 것으로 볼 수 있다.

한편 1970년대 이후 문법화 연구는 공시적 문법을 이해하기 위한 설
명적 장치로서 갖고 있는 잠재 가능성에 주목하였다.

Hopper(1991 : 17-35)는 '관용화(idiomatization)'나 '관습화(conventionali-
zation)'에로 도달하는 과정에 있는 문법화의 초기 단계에 주목하고 문법
적 형태가 출현하게 되는 5개의 원리를 제시하였다.[8]

(20) 가. **적층화**(層次, Layering)의 원리 : 새로운 층들이 하나의 기능적 영
역 안에서 발생한다면, 오래된 층들은 반드시 버려지는 것이
아니고 남아서 새로운 층들과 같이 공존하며 상호 교류할 수
있다.

나. **분화**(分離, Divergence)의 원리 : 어떤 실체가 문법화를 겪게 되면,

---

8) 이정애(1998) 참조.

> 그 결과 이제는 공통의 어원을 가지지만 기능적으로 분화가 되
> 는 두 개 또는 다수의 형태들이 있다.
>
> 다. **특정화**(限定, Specialization)의 원리 : 이는 발생적 문법의 구조를
> 특징짓는 선택이 좁아지는 것을 말한다.
>
> 라. **의미보존성**(持續, Persistence)의 원리 : 하나의 문법화된 의미 B가
> 발달할 때, 이것은 반드시 선행 의미 A가 상실되는 것을 의미
> 하는 것이 아니라 오히려 B는 아직 '형태화'를 겪지 않는 한도
> 내에서 A의 영향을 받을 수 있다.
>
> 마. **탈범주화**(類變, Decategorialization)의 원리 : 문법화란 해당된 실체
> 의 주요 범주성이 감소되어 가는 것이다. 이것은 한편으로는
> 수식어구와 같은 범주성의 선택적 표지의 상실을 의미하며 한
> 편으로는 담화의 자율성이 상실됨을 의미한다.

Hopper에 의하면 문법이란 것은 없으며, 달리 말하자면 "문법이란 언제나 발생하는 것이지 존재하는 것은 아니다"라는 것이다. 다만 존재하는 것이 있다면 문법화(Hopper의 용어에 의하면 grammaticization) 즉, 구조로의 움직임이라는 것이다.9)

> (21) 가. Henry is *going to* town.
> 나. The rain is *going to* come.

(21가)에서 going to는 공간적인 운동을 나타내지만 (21나)에서 going to는 미래시제를 나타내는데 이것은 바로 going to의 문법화의 결과이다. 표면상 이 양자 사이에는 의미적으로 서로 관련되지 않는 것처럼 보이지만 이 양자 사이에는 점차 변화하는 연속체가 있다.

---

9) 이정애(1998) 참조.

(22) 가. Are you *going to* the library?

　　나. No, I am *going to* eat.

　　다. I am *going to* do my very best to make you happy.

(22가)에서 going to의 주요한 의미는 공간운동이지만 "미래예측"이라는 시간개념도 포함하고 있다. going to는 (22나)와 (22다)에서는 의미가 비슷하다. 하지만 (22나)에서는 공간운동 의미보다는 "미래예측" 의미가 더 주요한 의미로 되어 있다. 그리고 (22다)에서는 운동의 의미는 존재하지 않고 미래시제의 표징으로만 되어 있다. (22)의 세 문장은 어휘 going이 미래시제로 문법화 하는 과정으로 된다. (22)의 세 문장의 인접성은 문법화를 접수할 수 있게 하고 그 과정을 유도할 수 있게 한다.

인지적 면에서 볼 때 문법화는 한 인지영역으로부터 다른 인지영역으로의 인지전이이다. 시간역이 원인역으로 전이하는 것을 예로 보면 아래와 같다.

(23) 가. I have read a lot *since* we last met(시간).

　　나. *Since* Susan left him. John has been very miserable.

　　다. *Since* you are not coming with me, I'll have to go alone (원인).

(23가)에서 since는 시간을 나타낸다. (23나)에서 since는 먼저 발생한 일이 뒤에 발생한 일의 원인이라는 뜻을 함의하고 있다. (23다)에서는 (23나)의 선후관계라는 뜻은 없어지고 완전한 원인만 나타내므로 시간역으로부터 원인역으로의 전이가 완성되었다.

아래에 다시 '대하다'로 돌아와 '대하다'의 문법화 과정을 살펴보기로 한다.

> (24) 가. 우리 선생님은 사람을 참 따뜻하게 대해준다.
>   나. 늘상 환자를 대하다 보니 이런 말을 자주 듣게 된다.
>   다. 내가 청계동에 와서 많은 사람을 대하여 보았으나 너만한 사람은 없더라.
>   라. 안을 다스려 밖을 대하다.
>   마. 시국에 대하여 많은 불평을 품고 있다.
>   바. 과거 청일, 러일 두 전쟁 때에는 우리는 일본에 대하여 신뢰하는 감정이 극히 두터웠다.
>   사. 때때로 좋았던 옛 시절에 대한 추억을 떠올리는 것도 좋다.
>   아. 아무 짝에도 쓸모없는 값 비싼 운동기구에 대한 충동을 끝장내는 방법은 의외로 쉽다.
>   자. 그녀의 고민에 대한 답은 적어도 나에게는 간단해보였다.

동사 '대하다'는 (가, 나, 다, 라)에서 '상대하다'라는 독립적인 의미를 지니고 술어나 접속술어로 쓰였지만, (바)에서는 '대하다'가 독립적으로 한 성분으로 쓰인 것이 아니라 '-에 대하여' 관용어 형식으로 쓰였다. (사, 아, 자)의 '-에 대한'은 문장 속에서 독립적으로 하나의 성분이 될 수 없을 뿐만 아니라 어휘적 의미보다는 "어떤 행동이나 작용의 대상임"을 나타내는 문법적의미가 더 우선적인 의미로 되었다. (바)의 '-에 대하여'에서 '-아 / 어 / 여'는 연결어미로 그 성분을 접속술어에 위치하게 하고 '-에 대한'의 '-은 / ㄴ'은 관형사형 어미로 그 성분을 관형어로 되게 하는데 그 서술성이 '-에 대하여'보다 많이 약해진다고 할 수 있다. 때문에 '-에 대한'은 아직은 완전한 문법적 형태로 보기에는 무리가 있다고 하지만 점차 문법화 되어 가는 문법화 초기 단계라고 보는 데는

큰 무리가 없을 듯하다.10)

이선웅(2004)에서는 '에 대한'이 통사적으로 관형절의 일부이지만 그 구성전체가 조사로 문법화 되는 초기단계에 있는 것으로 보이며 정보처리의 관점에서는 조사로 다룰 수 있다고 했다.11)12) 그리고 설령 조사로 인정하지 않는다 하더라도 보충어를 표시하는 전형적 표지로 인정할 수 있다고 했다. 또 '대하다'는 '-에 대해'를 제외하면 관형사형 이외의 서술형으로는 쓰이지 않는 것도 '-에 대한'을 문법화 한 표지로 인정할 수 있는 근거가 된다. Hopper이 제기한 공시적 문법화의 다섯 가지 원리는 '-에 대한'을 문법화 한 표지로 인정할 수 있는 근거가 된다.

> (25) 가. 그들의 조국에 대한 감정
>   나. 사람들의 여행에 대한 흥취
>   다. 사람들의 노약자에 대한 동정심
>   라. 그의 예술에 대한 영감

(25가)에서는 '감정'은 '감정의 소유자'와 '감정이 향하여 지는 대상' 두 논항을 가진다. '감정의 소유자'인 외부논항은 논항표지 '의'에 의해 실현되고 내부논항은 표지 '에 대한'에 의해 실현되었다.

명사구에서 2항명사의 그 종속명사에 대한 의미적 지배관계를 하강서술구조(下降述謂結構, downgraded predication)를 통해서 설명할 수 있다. 예하면 '감정'은 "어떠한 대상이나 상태에 일어나는 기쁨, 노여움,

---

10) 『조선어문법』(1960년, 과학원)에서는 '보조적 품사'로 처리 ; 김용구(1989)에서는 '보조적 동사' ; 정순기(2005) 『조선어형태론』에서는 '보조적으로 쓰이는 동사' ; 김옥희(2005) 『조선어품사론』에서는 '보조적 동사'라고 했다.

11) 이선웅(2004)에 의하면 실제로 21세기 세종계획 전자사전에서는 조사로 처리하고 있다고 한다.

12) 우형식(1996 : 56)에서도 "'-에 대하여'는 격표지는 아니지만 명사성분을 이루는 하나의 요소로 처리한다."고 하였다.

슬픔, 두려움, 쾌감, 불쾌감 등 마음의 현상"을 가리키는데 이것을 간단히 '사람이 사람 / 사물에 대한 느낌'이라고 표시할 수 있다. 이렇게 '감정'의 의미구조는 아래와 같이 표시할 수 있다.

(26) 감정 : 느낌⟨사람이 사람 / 사물을 대하다⟩

여기서 하강서술구조 ⟨사람이 사람 / 사물을 대하다⟩는 하나의 의미특징으로 2항명사 '감정'의 논항성분에 대한 요구를 표시한다. 마찬가지로 2항명사 '흥취, 동정심, 영감…' 등의 의미구조도 이렇게 표시할 수 있다.

(27) 흥취 : 취미⟨사람이 사물을 대하다⟩
동정심 : 마음⟨사람이 사람을 대하다⟩
영감(靈感) : 생각⟨사람이 사물을 대하다⟩

위의 표달식에서 '느낌, 취미' 등 의미성분은 기호 N으로 표시하고 하강서술구조는 ⟨사람이 사물을 대하다⟩는 공식 ⟨a b P⟩[13]로 나타낼 수 있다.

(28) N⟨a b P⟩

하강서술구조를 포함하고 있는 2항명사는 복합기호 $N_{\langle x \rangle}$로 표시한다.
하강서술구조에서 하강주어는 핵 명사의 외부논항으로 '의'에 의해 실현되고 하강목적어는 내부논항으로 '에 대한'에 의해 실현된다.

---

13) a, b는 각각 '사람', '사물' 등 논항성분을 가리키고, P는 '대하다'와 같은 술어를 가리킨다.

제 5 장

명사 논항의 통사적 실현양상

4장에서는 1항명사와 2항명사의 논항표지를 논의하였다. 논항표지는 핵 명사의 어휘의미적 특징에 의해 개괄된 것이다. 물론 실제적인 통사실현 과정에서 비서술성 명사는 많이는 4장에서 논의한 논항표지에 의해 논항구조가 실현된다. 하지만 통사구조는 또 그것에만 얽매여 단조롭게만 나타나는 것이 아니라 보다 다양한 형태로 실현된다.

5.1. 1항명사의 통사적 실현양상

4장에서 1항명사의 논항표지를 '-의'라고 하였다. 이것은 1항명사의 어휘의미면을 고려한 논의라고 할 수 있다. 하지만 실제적인 통사실현에서 1항명사는 보다 자유로운 형식으로 실현된다. 사실 1항명사의 통사구조에 대한 논의가 없었던 것은 아니다. 기존에 논의한 주격 중출문, 목적격 중출문은 대부분이 1항명사와 관련이 있는 것들이다. 하지만 기존의 논의들에서는 이것들을 핵 명사의 논항구조라는 것에 주의를 돌리지 않은 것 같다.

> (1) 가. 영수가 성격이 급하다
> 　　나. 영수가 지선이를 손을 잡았다.
> 　　다. 영수가 지선이가 좋다.
> 　　라. 다혜가 점심을 김밥을 먹었다.

위문에서 (가)의 '영수-성격'에서 '성격', (나)의 겹목적어인 '지선이-손'에서 '손'은 다 1항명사이다. 물론 1항명사가 아닌 명사도 격 중출문을 이룬다. 물론 (1다, 라)에서처럼 1항명사가 아닌 명사도 격 중출문을 이룰 수 있다. 하지만 주격 중출문 (1가)와 (1다), 목적격 중출문 (1나)와 (1라)는 표면구조는 같지만 심층구조는 서로 다르며 따라 통사적 변형에서도 많이 다르다.

아래에는 1항명사의 다양한 통사적 실현양상을 살펴보고 그 기저구조 및 의미구조의 특성에 따른 변형들을 살펴보기로 한다.

5.1.1. 주체명사＋1항명사＋형용사

속성명사와 부분명사는 형용사와 주술구를 이루어 주체명사의 술어로 된다.

> (2) 가. 영수가 성격이 급하다.
> 　　나. 남희가 얼굴이 동그스름하다.

다. 그가 키가 크다.
라. 여우가 꼬리가 길다

위의 주격 중출문은 $S_1 : NP_b$가/이$+NP_a$가/이$+A$로 표시할 수 있다. 위 주격 중출문에서 제2주어 '성격, 얼굴, 키, 꼬리'는 속성, 부분을 나타내는 1항명사이고 제1주어는 제2주어의 주체이다. 제1주어와 제2주어는 의미적으로 [종속-지배] 관계에 있다. 즉 제2주어가 제1주어를 지배한다. 따라서 위문의 기저구조[1]는 아래와 같다.

   (3) 가. [(영수의 성격이) 급하다.
       나. [(남희의 얼굴이) 동그스름하다.]
       다. [(그의 키가) 크다.]
       라. [(여우의 꼬리가) 길다.]

위문은 $S : NP_b$의$+NP_a$가/이$+A$로 표시할 수 있다. 이것을 핵 계층 구조로 표시하면 아래와 같다.

---

1) 기저구조 : Chomsky(1981)에 따르면, 기저구조(D-structure)란 "순수하게 그리고 직접적으로 의미역 구조를 표시해주는 구조(a pure and direct representation of θ-structure)"라고 한다. Baker(1988)에서는 언어보편적인 기저통사현상에 대한 원리로서 '의미역 배당 일률성 가설'을 제안하고 있다.
의미역 배당 일률성 가설 : 어휘항목들 사이의 동일한 의미역 관계는 기저구조에서 어휘항목들 사이의 동일한 구조관계로 표시된다.
이러한 가설은 동일한 의미역을 담당하는 논항이 기저구조에서 동일한 통사구조를 가져야 함을 말해주고 있다. 이는 문장의 기저구조가 표면적인 문법기능에 의존하지 않고 의미역에 따라 일관성 있게 표시되어야 함을 뜻하는 것이다(고광주, 2003).

(4)

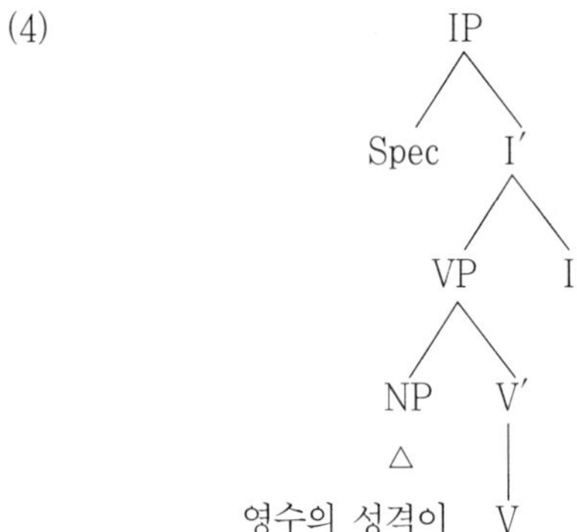

예문 (2가)는 (3가)의 '영수'가 Spec 자리로 이동한 것인데 그 구조는 아래와 같다.

(5)

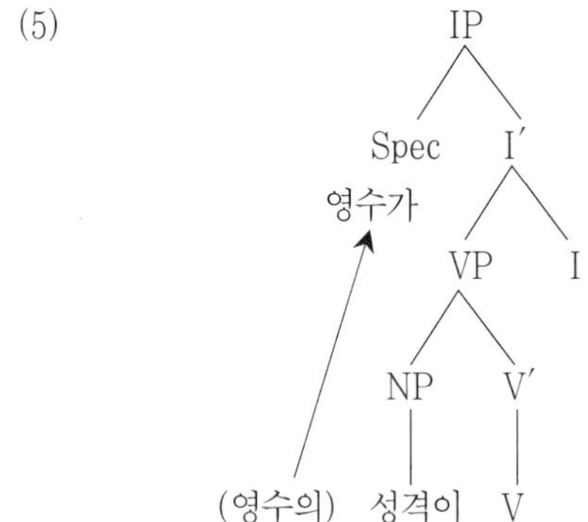

친족명사도 주격 중출문을 이룰 수 있다. 하지만 기저구조는 부분명사, 속성명사의 주격 중출문과 다르다.

(6) 가. 다혜가 어머니가 좋다.
　　나. 영수가 아버지가 존경스럽다.

예문 (6)은 (2)처럼 기저구조를 S : NP_b의+NP_a가/이+A로 볼 수 없다. (2)에서 제1주어는 제2주어의 주체일 뿐 술어와는 직접적인 관계를 맺지 않는다. 하지만 (6)에서 제1주어는 제2주어의 주체이기도 하지만 그보다 먼저 용언서술어의 경험자이다. (6)을 공범주 PRO를 설정하면

    (7) 가. 다혜가$_i$ [PRO_i 어머니]가 좋다.
       나. 영수가$_i$ [PRO_i 아버지]가 존경스럽다.

이것은 술어형용사의 논항으로 설명하면 더 간단히 설명할 수 있다. (2)의 '급하다, 둥그스름하다, 크다, 길다' 등은 1항형용사로서 어휘개념적으로 주체역만 실현되면 된다. 하지만 (6)의 '좋다, 존경스럽다'는 2항형용사로 경험자역과 대상역 두 논항이 공기해야 한다. 논항구조를 표시하면

    (8) 급하다 : 〈주체2〉
       좋다 : 〈경험자, 대상〉

이로부터 친족명사의 주격 중출문의 기저구조는 다음과 같이 표시할 수 있다.

$$S_2 : NP_b가/이_i+[PRO_i\ NP_a]가/이+A$$

---

2) (3가)에서 1항형용사 '급하다'의 주체역을 담당하고 있는 1항명사 '성격'은 그 개념구조적 특성에 의해 어휘층위 논항 '영수'가 꼭 필요한 성분으로 된다. 외현범주에 '영수'가 출현하였기 때문에 형용사 '급하다'가 2항형용사처럼 쓰인 것으로 오해하기 쉽다. 즉 '영수'가 '급하다'의 경험주역이 아닌가 하는 오류를 가져올 위험이 있다.

주격 중출문에서 제1주어가 '-가 / 이'가 아니라 주제 보조사 '-은 / 는'
을 취할 경우 뒤섞기가 가능하다는 것은 주지의 사실이다.

> (9) 가. a. 다혜는 어머니가 좋다.
>   →b. 어머니가 다혜는 좋다.
>   나. a. 영수는 아버지가 존경스럽다.
>   →b. 아버지가 영수는 존경스럽다.

위 예문에서 a와 b는 의미적으로 약간한 차이는 있지만 다 정문임은
확실하다. S_2 : NP_b가 / 이$_i$+[PRO_i NP_a]가 / 이+A에서 NP_a는 친족명
사이고 A는 2항형용사이다. 주격 중출문 S_2에서 제1주어와 제2주어는
뒤섞기가 허용되지 않는다.

(10)

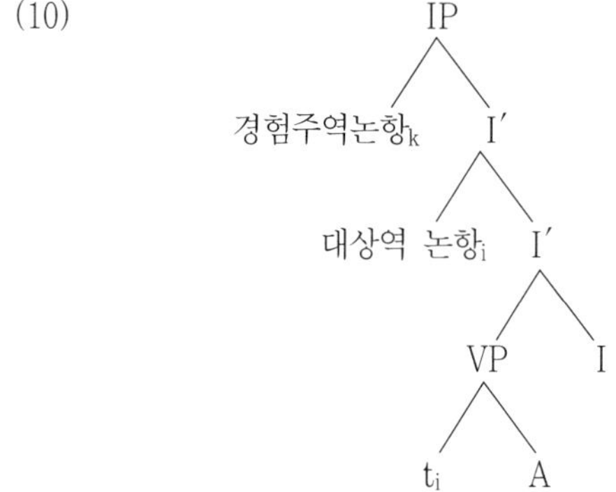

두 자리 형용사의 주격 중출문의 도출과정을 위와 같이 분석할 수 있
는데 여기서 볼 때 제1주어가 주격으로 실현될 경우 뒤섞기가 허용되
지 않음을 알 수 있다. 즉 I′가 이미 자신의 내부지정어 처소에 있는 대
상역 논항을 다시 외부지정어 처소로 옮길 수는 없기 때문이다(김동석 ·
김용하, 2002).

(11) 가. 다혜가 어머니가 좋다.
　　　→*어머니가 다혜가 좋다.
　　나. 영수가 아버지가 존경스럽다.
　　　→*아버지가 영수가 존경스럽다.

　그러나 (9)에서 제1주어가 주제 보조사 '-은/는'과 결합하면 뒤섞기
가 허용되었다. 그것은 제1주어가 주제 보조사와 결합한 경우에는 CP
의 지정어 처소에 병합되어 C의 EPP-자질을 한번 충족할 것이고 한국
어가 가지는 매개변인으로서의 다중 EPP자질이 C에 존재한다고 보면
대상역 논항의 이동이 가능하게 된다.

(12)

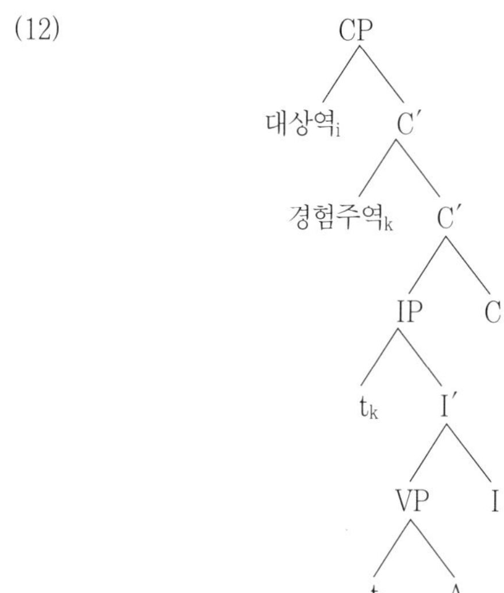

(13) 가. 다혜는 어머니가 좋다.
　　　→어머니가 다혜는 좋다.
　　나. 영수는 아버지가 존경스럽다.
　　　→아버지가 영수는 존경스럽다.

위에서 보이듯이 S_2 주격 중출문에서 제1주어가 주제 보조사 '은/는'과 결합하면 뒤섞기가 가능하다. 아래에는 제2주어가 주제 보조사를 취할 경우를 보기로 한다.

S_2 주격 중출문에서 제2주어가 주제 보조사 '은/는'을 취할 경우에는 제1주어가 주제 보조사를 취할 때보다 자유롭지 못하다.

(14) 가. 다혜가 어머니는 좋다.
   →*어머니는 다혜가 좋다.
나. 영수가 아버지는 존경스럽다.
   →*아버지는 영수가 존경스럽다.

제2주어가 주제 보조사를 취할 경우 (14가, 나)는 뒤섞기가 허용되지 않는다. 여기서 알 수 있다시피 S_2에서 명사들이 주격중출문을 이루었을 때 제2주어가 주제 보조사와 결합하면 뒤섞기가 허용되지 않는다. 제2주어가 1항명사일 때는 부분명사, 속성명사는 뒤섞기가 허용되지만(S_1) 친족명사는 제한을 받는다(S_2)(친족명사 제한받는 이유는 뒤에서도 설명됨).

(15) S_1 : NP$_b$가/이+NP$_a$가/이+A
가. 영수가 성격이 급하다.
   → $^?$성격이 영수가 급하다.
나. 여우가 꼬리가 길다.
   → $^?$꼬리가 여우가 길다.
다. 영수가 키가 크다.
   → $^?$키가 영수가 크다.

주격 중출문에서 제1주어와 제2주어가 다 주격일 때에는 뒤섞기가 되지 않는 것으로 인식되어 왔지만 제2주어가 1항명사인 (15가~다)에서는 수용성이 좀 떨어지긴 하지만 그렇다고 해서 비문은 아니다.

  한국어의 주제표지에 관한 연구는 지금까지 크게 네 부류로 나눌 수 있다. 첫째, '-은 / 는'만을 주제표지로 보는 경우, 둘째, '-은 / 는'과 '-가 / 이'를 포함하는 경우, 셋째, '-은 / 는', '-가 / 이'에 '-을 / 를'도 주제 표지로 보는 경우, 마지막으로 한국어에는 이상과 같이 주제를 나타내는 특별한 표지 없이 격조사나 한정사들이 주제를 나타낸다는 주장이 있다.3) Sohn(1980)에서는 '-가 / 이'와 '-은 / 는'이 서로 교체되면서 주제 표지와 관련될 수 있음을 보였다. 그는 '-가 / 이'와 '-은 / 는'은 주제 표지 기능을 나타낸다는 점에서만 일치하고 다른 특질은 서로 상반된다고 하였다.4)

	'-가 / 이'	'-은 / 는'
주제 관련성(thema relevance)	+	+
격 기 능(case sensitivity)	+	−
대 조 성(contrastiveness)	−	+
배 타 성(exclusiveness)	+	−

  Sohn(1980)의 견해에 따라 '-가 / 이'의 주제 관련성의 기능을 인정한다면 (15)의 주격중출문의 뒤섞기 역시 가능하다. 뒤섞기를 진행한 후 문두 주제화의 위치에서 '성격이'의 '-이', '꼬리가'의 '-가', '키가'의 '-가'는 격 기능보다는 주제 관련성의 기능을 하는 것이다. '성격이', '꼬리가', '키가'는 각각 문장에서 통사적 주제화5)한 것이다.

---

3) 김진호(2000 : 22)

4) 김진호(2000 : 18)에서 재인용

5) 김진호(2000)에서는 한국어의 주제 유형을 통사적 주제화와 담화적 주제로 구분하였다. 통사적 주제화란 문장의 기저 구조에서 의미역을 받고 이동한 성분의 주제화이다. 주제화란 용어는 원래 기저의 문장구조에서 주제가 아닌 다른 통사상

그러나 '-가 / 이'의 주제 관련성 기능을 인정한다고 해서 모든 주격 중출문의 제1주어와 제2주어가 다 뒤섞기를 할 수 있는 것은 아니다.

(16) 가. 영수가 학교가 싫다.
　　　→ *학교가 영수가 싫다.
　　나. 식당이 사람이 많다.
　　　→ *사람이 식당이 많다.

예문 (16) 역시 주격 중출문이지만 (15)와 달리 뒤섞기를 할 수 없다. 이로부터 주격 중출문을 뒤섞기 할 수 있느냐 하는 것은 오직 '-가 / 이'의 기능으로만 결정되는 것이 아니라는 것을 알 수 있다.

제2주어가 부분명사나 속성명사 등 1항명사인 경우에는 제1주어와 제2주어가 다 주격 '-가 / 이'를 취할 때도 뒤섞기는 가능하다.

(17) 가. a. 영수가 머리가 총명하다.
　　　　　b. 머리가 영수가 총명하다.
　　나. a. 그 사람이 얼굴이 벌겋다.
　　　　　b. 얼굴이 그 사람이 벌겋다.
　　다. a. 영수가 통솔력이 있다.
　　　　　b. 통솔력이 영수가 있다.
　　라. a. 나무가 뿌리가 깊다.
　　　　　b. 뿌리가 나무가 깊다.
　　마. a. 이 차가 속도가 빠르다.
　　　　　b. 속도가 이 차가 빠르다.

의 자리를 차지하고 있던 요소들이 어떤 필요에 의해 주제의 위치로 자리바꿈을 했다는 것이다.

담화적 주제는 의미역 할당의 대상이 아니기 때문에 의미역을 가지지 않는다. 이는 통사적으로 문장성분이 아닌 요소가 문두에서 '-은 / 는'과 결합하여 주제성을 획득한 경우이다(김진호, 2000 : 16).

    바. a. 이 고기가 맛이 있다.
       b. 맛이 이 고기가 있다.

  한 사물을 많은 속성의 집합체로 보면 '통솔력, 속도, 맛' 등은 그 집합체를 이루고 있는 속성 중의 하나로 볼 수 있다. 그러면 (17다, 마, 바)도 제1주어와 제2주어가 "전체(주체) : 부분"의 관계로 포함관계를 이루고 있는 것이 된다. 이처럼 포함관계에 있는 문장들은 아래와 같이 격표지 없이 단어들만 나열해 놓아도 한국어에 능숙한 사람이라면 정확하게 이해하고 그 의미를 알 수 있다.

  (18) 가. a. 영수 머리 좋다.
         b. 머리 영수 좋다.
      나. a. 영수 얼굴 벌겋다.
         b. 얼굴 영수 벌겋다.
      다. a. 영수 통솔력 있다.
         b. 통솔력 영수 있다.
      라. a. 나무 뿌리 깊다.
         b. [?]뿌리 나무 깊다.
      마. a. 기차 속도 빠르다.
         b. [?]속도 기차 빠르다.
      바. a. 이 고기 맛 있다.
         b. [?]맛 이 고기 있다.

  위와 같은 문장들은 통사구문 분석으로는 해석이 되지 않고 제1주어와 제2주어의 의미관계 및 그 명사들의 의미자질 분석으로 해석이 가능하다. 의미역은 명사자질 특히 유정성과 상관이 있다. 유정성 (animatedness)은 유정과 무정의 양분적 대립이 아니라 정도의 개념으로 파악한다.

유정물의 특성인 독립적인 동작성(activity), 살아있음(aliveness) 등을 기준으로 유정성의 정도를 파악할 수 있다. 유정물인 동물 중에서도 인간은 유정성의 정도가 가장 크다. 또 똑같은 무정물인 식물과 무생물 사이에도 유정성의 정도는 차이가 있다.

생명이 있고 없음의 기준에 의해 [＋유정성]은 '유생물 ＞ 무생물'로 표시할 수 있을 것이다. 그다음 동작성과 독립성에 의해서 유생물과 무생물은 그 유정성의 정도를 다음과 같이 표시할 수 있다. 이는 누구나가 공통으로 지니고 있는 실세계에 대한 지식으로부터 얻어지는 명사 자체의 의미자질이다.

인간 ＞ 다른 생물 ＞ 무생물

유정성은 위와 같은 실제적인 측면 외에 의미적인 측면도 함께 지닌다. 의미 역할의 계층에서 독립적인 동작이 큰 의미역할을 수행하면 유정성의 정도도 커지게 된다. Fillmore(1968)가 제시한 격 역할의 계층은 이러한 의미적 측면을 잘 나타내준다. 이것은 기저 통사관계에서의 의미격 배당뿐만 아니라 일반적인 의미역(semantic case)을 기술한 것이다.

(19) 격 역할의 계층(hierarachy of case roles)
　　동작주(Agent) ＞ 도구격(Instrumental) ＞ 여격(Dative) ＞ 피동작주(Patient)

이로부터 명사 논항의 의미역 계층은 아래와 같음을 알 수 있다.

(20) 주체역 ＞ 대상역 ＼ 내용역6) (명사의 의미역)

---

6) "영수는 아버지께 집에 잘 도착했다는 편지를 보냈다"에서 "편지"를 3항명사로 본

격이 실현되지 않았을 때는 어순에 의해서 의미역할이 결정된다. 그러나 유정성과 어순이 상충되면 어순보다는 유정성의 정도가 의미역할을 좌우하게 된다. 때문에 격표지가 실현되지 않은 (18)에서 유정명사 '영수, 사람, 고기'는 '머리, 얼굴, 통솔력, 맛'의 주체역임이 분명하게 드러난다. '차'와 '나무'는 무생물이지만 '차'의 동작성과 '나무'의 독립성에 의해 '속도, 뿌리'보다 유정성의 정도가 높다고 하겠다. 속성명사와 부분명사가 다 주격을 취하거나 제2주어가 주제 보조사와 결합할 때도 뒤섞기가 가능한 것은 바로 핵 명사의 의미적 특징에 있다. (18라, 마, 바)의 b가 (가, 나, 다)의 b보다 어색한 것은 주체역인 '나무, 차, 고기'의 유정성의 정도가 '사람'보다 많이 떨어지기 때문이다. (18)의 주체명사들의 유정성의 정도는 아래와 같이 표시할 수 있다.

(21) 영수(사람) > 고기 > 차 > 나무

친족어 역시 1항명사이지만 친족어는 제1주어와 제2주어가 다 [+인간]이고 또 유정성의 정도도 같다(15나). 유정성의 정도가 같을 때에는 어순이 의미역을 결정하는데 많은 작용을 한다. 때문에 친족어는 제1주어가 주격 '가 / 이'와 결합하면 뒤섞기가 허용되지 않는다.

(22) 가. 영수(가) 어머니(가) 좋다.
　　 나. 어머니(가) 영수(가) 좋다.

(22가)는 '영수'가 행위주역, '어머니'는 대상역이고, (22나)는 '어머니'가 행위주역, '영수'는 대상역이 된다.

다고 할 때 그 의미역 계층은 "주체>대상역>내용역"이다. 여기에서는 1, 2항명사만 논의하기에 "주체역>대상역\내용역"으로 규정한다.

(23) 영수가 어머니가 좋다.
　　가. 영수는 어머니가 좋다.
　　나. 어머니가 영수는 좋다.
　　라. 영수가 어머니는 좋다.
　　마. *어머니는 영수가 좋다.

(23가)의 뒤섞기 결과로 (23나)가 성립된다는 것은 이미 앞에서 논의한 바 있다. (23라)를 보면 제2주어가 보조사 '-는'과 결합하였는데 여기서 '어머니는'은 문장의 주제가 아니라 대조, 초점의 대상이 된다.7) 그러나 (23마)에서 문두에 있는 '어머니'는 보조사 '-는'과 결합하여 문장의 주제어로 되면서 행위주(경험주)역을 담당하게 된다. 때문에 원문의 뜻을 나타내지 못하는 비문으로 된다.

문장 S_1은 $S_1{}'$: NP_{b1}는/은(가/이)+NP_a가/이+NP_{b2}보다+A 형식으로 확대할 수 있다.

(24) 가. 나는 나이가 너보다 크다.
　　나. 여우는 꼬리가 토끼보다 길다.

(24)의 기저구조는 아래와 같다.

------

7) 성기철(1985)에서는 주제의 특성을 4가지로 정리하였다. (1) 대하여성(aboutness) : 주제란 '언급하고 있는 것'(What one is talking about) 또는 '언급되고 있는 것'(What is talking about), 곧 '언급의 대상'을 가리킨다. (2) 문두성 : 주제는 문장의 첫머리에 오는 특성이 있다. 주어도 문두에 나타나지만 주제의 경우가 훨씬 두드러진다. (3) 기존정보성 : 주제는 이미 알고 있거나 알려진 사항을 가리킨다는 것이다. 곧 주제란 말듣는 이의 의식 속에 이미 존재한다고 생각되는 기존정보 또는 구정보를 전제로 언급되는 대상이다. (4) 한정성 : 구정보성과 일맥상통한 것으로 주제는 화자와 청자 사이에 이미 이해되고 있는 정보이다(김진호, 2000, p.20 재인용).

(25) 가. 나의 나이는 너의 나이보다 크다.
　　　나. 여우의 꼬리가 토끼의 꼬리보다 길다.

언어의 경제원칙에 따라 잉여성분은 삭제한다.

(24)에서 주체명사 '나'와 '너', '여우'와 '토끼'는 비교대상이고 속성명사 '나이'와 부분명사 '꼬리'는 비교항목이다. 비교대상인 주체명사들 사이에 비교할만한 속성, 부분들이 여러 가지 있기 때문에 속성명사나 부분명사로 서로 비교하는 구체적인 항목을 한정하여야 한다. 어떤 명사들은 속성명사나 부분명사가 아니지만 일정한 언어환경에서 주체명사의 속성적 의미를 띠기 때문에 비교대상 사이의 비교항목으로 될 수 있다.

(26) 가. 나는 외국어가 너보다 낫다.
　　　나. 나는 기회가 그보다 좋다.

비교대상은 보통 둘이지만 비교항목은 하나일 수도 있고(위의 예에서처럼) 그 이상일 수도 있다. 예하면

(27) 가. 나는 나이가 그보다 많지만 힘이 그보다 작다.
　　　나. 나는 외국어가 그보다 낫기에 기회가 그보다 많다.
　　　다. 이 나무는 키가 저 나무보다 크지만 가지가 적다.

비교항목 명사가 문장에서 화제로 첫머리에 위치했을 경우, 비교항목은 반드시 둘 또는 둘 이상이 출현되어야 한다.

(28) 가. 나이는 내가 그보다 많지만 힘은 그보다 작다.
　　　나. 외국어를 내가 그보다 잘하기에 기회가 그보다 많다.
　　　다. 키는 이 나무가 저 나무보다 크지만 가지는 적다.

비교구에서 술어형용사가 속성명사의 의미를 포함하고 있고 비교대상인 주체명사가 속성명사의 의미를 나타낼 수 있을 때 비교항목명사인 속성명사가 표층구조에 출현되지 않아도 문장의미에 영향주지 않는다.

> (29) 가. 이 공원은 (환경이) 저 공원보다 조용하다.
> 나. 한국 음식은 (맛이) 중국 음식보다 맵다.
> 다. 소고기는 (값이) 돼지고기보다 비싸다.
> 라. 영수는 (성격이) 남수보다 통쾌하다.

'공원'은 "공중의 보건·교화·휴양·유락(遊樂) 등을 위하여 시설된 정원·유원지·동산 등의 사회 시설"로써 특별한 설명이 없을 경우 '그 공원이 좋다, 공원이 아담하다' 등으로 쓰일 때는 그 '환경'을 가리킨다. '맵다'는 '맛'이란 뜻을 내포하고 있고, '비싸다'는 '값'이란 내용이 포용되어 있으며, '통쾌하다' 역시 그 자체에 '성격'이라는 뜻이 내포되어 있다. 이럴 경우에는 속성명사가 생략될 수 있다.[8]

5.1.2. 주체명사 + 1항명사 + 자동사

1항명사는 문장에서 자동사와 주술구를 이루어 주체명사의 술어로 된다.

> (30) 가. 영주가 아버지가 돌아가셨다.
> 나. 제비가 다리가 부러졌다.
> 다. 기차가 속도가 빨라졌다.
> 라. 나무가 잎이 떨어졌다.

---

8) 1항명사의 결여와 의미활성에 대해선 5장 '인지적 해석' 부분에서 자세히 논하기로 한다.

위의 예문에서 '아버지'는 동사 '돌아가다'에 의해 행위주역(agent)이 부여되고 '다리'는 '부러지다'에 의해, '속도'는 '빨라지다'에 의해, '잎'은 '떨어지다'에 의해 대상역이 부여된다. 문장의 주어인 '그'와 '제비', '그 차', '나무'는 '아버지'와 '다리', '속도', '잎'에 의해 주체역이 부여된다고 할 수 있다. 이는 용언 서술어가 형용사인 경우와 비슷하다.

문장형식을 S_3 : NP_b가/이＋NP_a가/이＋$V_{자}$로 개괄할 수 있다.

(30)의 기저구조는 아래와 같다.

> (31) S : NP_b의＋NP_a가/이＋$V_{자}$
>   가. 영주의 아버지가 돌아가셨다.
>   나. 제비의 다리가 부러졌다.
>   다. 기차의 속도가 빨라졌다.
>   라. 나무의 잎이 떨어졌다.

(30)을 뒤섞기를 하면 다음과 같다.

> (32) 가. *아버지가 영주가 돌아가셨다.
>   나. 다리가 제비가 부러졌다.
>   다. 속도가 기차가 빨라졌다.
>   라. ?잎이 나무가 떨어졌다.[9]

(30)에서 제1주어가 주제 보조사 '-는/은'과 결합할 때는 아래와 같이 변형할 수 있다.

---

9) '나무'는 [＋독립성]으로 '잎'보다 유정성이 높다고는 할 수 있으나 [－유정성], [－동작성]으로 [＋유정성] [＋동작성] [＋독립성]인 '제비'나 [－유정성] [＋동작성] [＋독립성]인 '차'에 비하면 유정성이 너무 약하다. 때문에 (30라)의 수용성은 (30나, 다)보다 많이 떨어진다.

(33) 가. 그는 아버지가 돌아가셨다

　　　→ 아버지가 그는 돌아가셨다.

　　나. 제비는 다리가 부러졌다

　　　→ 다리가 제비는 부러졌다.

　　다. 그 차는 속도가 빨라졌다

　　　→ 속도가 그 차는 빨라졌다.

　　라. 나무는 잎이 떨어졌다

　　　→ 잎이 나무는 떨어졌다.

(30)에서 제2주어가 보조사 '-는 / 은'을 취할 때는 아래와 같다.

(34) 가. 그가 아버지는 돌아가셨다.

　　　→ *아버지는 그가 돌아가셨다.

　　나. 제비가 다리는 부러졌다.

　　　→ 다리는 제비가 부러졌다.

　　다. 그 차가 속도는 빨라졌다.

　　　→ 속도는 그 차가 빨라졌다.

　　라. 나무가 잎은 떨어졌다.

　　　→ 잎은 나무가 떨어졌다.

(31)~(34)는 5.1.1에서 형용사가 술어일 때와 같은 경우이므로 여기서 자세한 설명은 줄이기로 한다. "주체명사+1항명사+자동사"에서 아래와 같은 결론을 내릴 수 있다.

(35) S_3 : NP_b가/이+NP_a가/이+$V_\text{자}$에서 NP_a가 속성명사, 부분명사일 경우 NP_a와 NP_b의 어순은 비교적 자유롭다. 하지만 NP_a가 친족명사일 경우에는 NP_b가 보조사 '-은/는'과 결합할 때만 뒤섞기가 가능하다.

5.1.3. 1항명사 + 타동사

1항명사는 타동사의 목적어로 실현될 수 있다.

> (36) 가. 그가 아버지를 여의였다.
>   나. 철수가 할아버지를 잘 모셨다.
>   다. 선생님은 두 손을 마주쳤다.

앞의 예문에서 술어동사 '여의다'와 '모시다', '마주치다'는 '그'와 '철수', '선생님'에 각각 경험주역, 행위주역을 부여하고 '아버지, 할아버지, 두 손'에 대상역을 부여한다. 그리고 '그'와 '철수'는 술어동사의 대상격인 '아버지, 할아버지, 두 손'에 의해 또 주체역(소유주역)이 부여된다. 이 문장을 기호로 S_4 : NP_b가/이+NP_a을/를+V타로 표시할 수 있다.
  (36)의 문장을 다시 쓰면 다음과 같다.

> (37) 가. 그가$_i$ [PRO$_i$ 아버지]를 여의였다.
>   나. 철수가$_i$ [PRO$_i$ 할아버지]를 잘 모셨다.
>   다. 선생님이$_i$ [PRO$_i$ 두 손]을 마주쳤다.

술어동사의 경험주역 / 행위주역과 목적어의 주체역(소유주역)이 공지시이기 때문에 삭제규칙에 의해 1항명사의 주체역은 표층구조에서 실현되지 않는다.
  (36)은 뒤섞기가 가능하다.

> (38) 가. 아버지를 그가 여의였다.
>   나. 할아버지를 철수가 잘 모셨다.
>   다. 두 손을 선생님이 마주쳤다.

(36)을 우리말의 기본 서술구조라고 한다면 (38)은 변환된 서술구조이다. 기본적인 서술구조 즉 분포가 넓은 서술구조는 일반적으로 무표적인(unmarked) 특성을 갖는다. 즉 서술구조의 변환은 구문 형성의 특징이 무표적인 것에서 유표적(marked)인 것으로 바뀌는 것임을 뜻한다. 우형식(1996)에서는 서술구조의 변환의 유표성(markedness)은 적극적인 것과 소극적인10) 것으로 나누었다. 그리고 서술구조 변환의 동인(動因)을 구조와 의미적인 측면에서 다음과 같은 세 가지로 제시하였다.

서술구조 변환의 동인(우형식, 1996 : 39)
1) 구조적인 단순성(單純性)의 지향
2) 의미적인 현저성(顯著性)의 실현
3) 명사성분의 의미와 기능의 변화

우형식(1996)에서 (36)과 같은 어순변화에 의한 변환구조를 적극적인 유표성에 넣지 않았지만 여기서는 (36)과 같은 서술변환구조도 우형식(1996)의 술어(述語)를 빌려 말한다면 적극적인 유표성의 실현이다. 또한 대부분이 비목적어가 직접 목적어로 바뀌는 것에 대한 것을 '현저성'이라고 설명했다면 여기서는 (36)과 같은 어순변화구조의 동인 역시 이 의미적인 현저성의 실현에 의한 것이라고 하겠다. (36)에서는 (34)의 기본 서술구조로부터 이동변화를 거쳐 목적어를 주제화하고 있다.

---

10) 우형식(1996 : 37-38)에서
- 적극적인 유표성의 실현 : ① 구문을 형성하는 형태의 실현이 의무적이다. ② 주어, 목적어 등의 구조성분에서 변화가 일어난다. ③ 구문에서 특정적(特定的)인 의미가 나타난다.
- 소극적인 유표성의 실현 : ① 구문을 형성하는 명사성분이 나타나지 않는다. ② 주어, 목적어 등의 구조성분에서 변화가 일어난다. ③ 구문에서 비특정적(非特定的)인 의미가 나타난다.

(34)에서 1항명사인 '아버지', '할아버지', '두 손'은 의미상 그것의 주체
역을 담당하고 있는 주어와 불가분리적 의미관계에 있다.

　인간의 정상적인 인지과정이 전체-부분, 소유주-피소유물, 주체-대
상의 순위인 것을 인정한다면 이 순서에 대한 인위적인 파괴로 부분명
사, 피소유물명사, 대상물명사를 주제화의 위치에로 옮긴 것 등은 그것
들의 현저성11)을 실현하려는 것이 분명함을 알 수 있다.

　1항명사는 타동사와 목적격 중출문을 이루기도 한다.

　　(39) 가. 영수가 나무를 가지를 잘랐다.
　　　　　나. 사냥꾼이 여우를 가죽을 팔았다.
　　　　　다. 영수가 차를 속도를 높였다.

　이것을 기호로 표시하면 S_5 : NP가/이＋NP_b을/를＋NP_a을/를＋V타
로 개괄할 수 있다.

　(39)의 기저구조는 다음과 같다.

　　(40) S : NP가/이＋NP_b의＋NP_a을/를＋V타
　　　　　가. 영수가 나무의 가지를 잘랐다.
　　　　　나. 사냥꾼이 여우의 가죽을 팔았다.

---

11) 현저성은 본래 형태심리학(Gestalt-Psychology)의 개념인데, 심리언어학에 바
　　탕을 둔 화용론에서는 '표현되는 문장 속에서 주의의 초점을 가리키는'(Comrie,
　　1981 : 92) 뜻으로 도입한다. 실제로 Givon. T.(1984 : 99)에서는 비목적어가 직
　　접 목적어로 바뀌는 것을 현저성이 높기 때문인 것으로 설명하며, 이를 원용한
　　우순조(1992)에서는 이것을 목적어로의 상승(promotion)으로 설명한다.
　　한편 Dik. S.(1980 : 46)에서는 서술구조 변환의 동인에 대해 다음과 같은 과정
　　을 세운다.
　　'화용적 요인 → Topic → Focus의 차이 → 서술구조의 차이'
　　즉 화용적 용인에서 시작되어 구조의 차이를 초래하게 된다는 것이다(우형식,
　　1996 : 39 재인용).

다. 영수가 차의 속도를 높였다.

(41) 가. a. 미경이가 나의 손을 잡았다.

　　　　b. 미경이가 나를 손을 잡았다.

　　나. a. 김 선생님이 나에게 영어를 가르친다.

　　　　b. 김 선생님이 나를 영어를 가르친다.

　　다. a. 지렁이가 땅에 기어다닌다.

　　　　b. 지렁이가 땅을 기어다닌다.

　　라. a. 나무로 의자를 만들었다.

　　　　b. 나무를 의자를 만들었다.

임홍빈(1972)[12]에서는 (41)의 문장들을 예로 a예문들에서 '속격', '여격', '자료격(조격)' 등이 문장에서 격조사 '-을'로 교체된 것은 '-을'의 주제화인데, 이것은 '-은 / 는' 주제화에 대하여 '비대조적 대립'의 의미특성을 가지며 정적인 세계파악 및 진술과 관련을 맺고 있는 '-이 / 가'의 주제화에 대하여도 대립적인 가치를 갖는다고 하였다.

그리고 이광호(1988 : 55)에서는 임홍빈(1987)의 대격자질 배당원리[13]와 연관시켜 '-을 / 를' 주제화의 내용을 "대격을 배당받을 수 없는 명사구 및 기타의 성분에 실현된 '-을' 성분은 '-을' 주제화이다"고 하였다. 이에 따르면 (39)은 (40)의 속격을 '-을'로 교체하여 '-을' 주제화한 것이다. (41나, 다, 라)는 본 논문의 연구대상이 아니기 때문에 앞으로의 논의에서 제외한다. 본 논문은 '-을 / 를'에 대한 연구가 아니라 1항명사에 대한 연구이기 때문에 속격이 '-을'로 변환된 문장에만 범위

---

12) 이광호(1988 : 9-10) 재인용
13) 임홍빈(1987 : 32)의 한국어의 격자질 배당원리(이광호, 1988 : 30에서 재인용)
　　가. VP의 지배를 받는 NP에 [+nominative]의 격 자질을 배당한다.
　　나. V의 지배를 받는 NP에 [+objective]의 격 자질을 배당한다.
　　다. N′의 지배를 받는 NP에 [+genitive]의 격 자질을 배당한다.

를 제한한다.

(40)의 두 목적어를 보면 제1목적어와 제2목적어는 의미적으로 긴밀히 연계된다. '나무-가지', '여우-가죽'은 '전체-부분'의 관계이고, '차-속도'는 '주체-속성'의 관계이다. 제1목적어를 NP_b로, 제2목적어를 NP_a로 표시하면 '$NP_b \ni NP_a$'의 모형론적 의미론의 형식을 성립한다. 즉 NP_a는 NP_b의 한 요소이거나 구성소라는 것이다. 따라서 부분명사, 속성명사 등 1항명사와 1항명사의 주체역을 맡는 논항 명사 사이의 의미관계를 '주체-대상'으로 개괄할 수 있다. 우형식(1998)의 술어(述語)를 빌려 말하면 (37)은 변환된 타동구문의 확대된 목적어를 가진 확대된 타동구문이다. 거기서 NP_a는 본유적(本有的) 목적어이다.

우형식(1998 : 64)에서는 목적어가 〈대상성〉, 〈피영향성〉, 〈한정성〉(definiteness), 〈전면성〉(totality)의 성분의미를 띠는 것으로 정리했다. 1항명사의 목적격 중출문을 논항명사구의 주제화보다 대상성과 한정성으로 해석하는 것이 더 적합할 것 같다.

서술동사에 의하여 목적어가 대상성을 부여받는다는 것에는 누구나 이견이 없을 것이다. 그런데 (39)의 1항명사 목적격 중출문에서 NP_b와 NP_a는 어휘의미적으로 서로 비분리적인 관계가 성립되므로 NP_a가 서술동사의 대상이 되면 그와 동시에 대상성이 그것을 한 요소 또는 구성소로 하고 있는 NP_b도 기능 이어받기[14]를 통해 서술동사의 대상이 됨을 의미한다. 즉 'NP_b의' 구문이 'NP_b를' 구문으로 변환됨으로써 서술동사로부터 대상성을 부여받는다. 동시에 'NP_b를'은 한정성의 의미도 있

---

14) 김영희(1984 : 156-157)에서는 '기능이어받기(functional succession)'를 다음과 같이 보인다.

$X - [NPi - NPj]_{NP} - Y \Rightarrow X - NPi - NPj - Y$

즉 복합명사구 $[NPi - NPj]_{NP}$를 구성하는 명사 NPi와 NPj는 복합명사구가 수행하던 통사기능을 부여받으면서 구문을 형성하는 구성성분으로 독립된다고 본다.

다. 'NP$_b$의 NP$_a$'일 경우 NP$_b$는 본유적 목적어에 대한 한정적 의미를 가지지만 'NP$_b$를'은 서술동사와 본유적 목적어 NP$_a$가 뜻하는 행동의 영역을 한정한다.

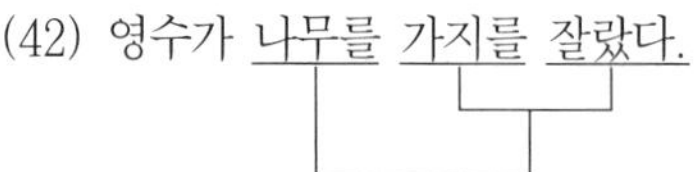

(42) 영수가 <u>나무를 가지를 잘랐다.</u>

Fillmore. C. F.에서도 비분리적 의미관계를 갖는 명사는 '연체여격'에 해당되는 것으로 보고 이것이 목적어로 승격(promote)된다고 했다 (남용우 역, 1987 : 64-86).

(39)의 통사구조를 핵 계층 구조로 보이면 다음과 같다.

(43) 영수가 나무를 가지를 잘랐다.

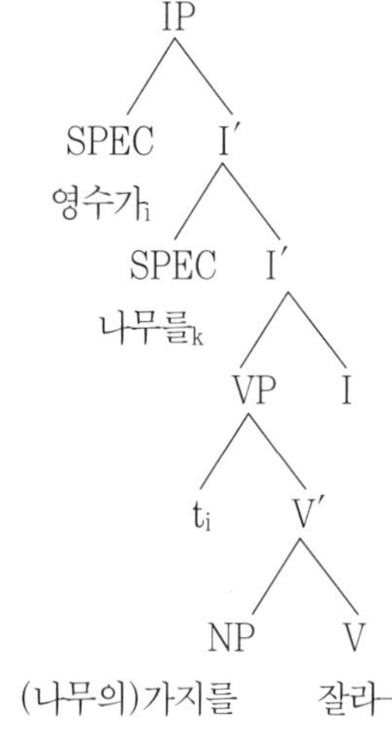

1항명사의 목적격 중출문에서 본유적 목적어와 확대된 목적어는 뒤

섞기를 할 수 없다.

    (44) 가. a. 영수가 나무를 가지를 잘랐다.
           b. *영수가 가지를 나무를 잘랐다.
       나. a. 사냥꾼이 여우를 가죽을 팔았다.
           b. *사냥꾼이 가죽을 여우를 팔았다.
       다. a. 영수가 차를 속도를 높였다.
           b. *영수가 속도를 차를 높였다.

앞에서도 설명했듯이 1항명사의 목적격 중출문에서 제1목적어와 제2목적어는 '주체-대상', '소유주-피소유물'의 관계이므로 인지론적으로는 주체가 먼저 인식되기 마련이다. 때문에 주체가 제1목적어가 되고 대상(부분)이 제2목적어로 된다. (44)와 같은 현상을 김귀화(1994 : 66)에서는 목적어가 목적어를 넘지 못하는 제약이라고 한다.[15]

이것은 또한 한국어의 좌분지(left-branch)적인 특징과도 관련된다. (44)의 여러 예문의 a는 제2목적어가 본유적 목적어이다. 한국어는 좌분지적인 언어이기 때문에 그 확대된 목적어는 본유적 목적어 앞에 위치할 수밖에 없다.

1항명사의 목적격 중출문에서 제1목적어와 제2목적어의 어순은 바뀔 수 없지만 제1목적어를 문두로 옮겨 주제화하는 것은 가능하다.

    (45) 가. 나무를 영수가 가지를 잘랐다.
       나. 여우를 나무꾼이 가죽을 팔았다.
       다. 차를 돌이가 속도를 높였다.

---

15) 우형식(1998 : 110) 재인용.

(45)의 통사구조는 아래와 같다.

(46)

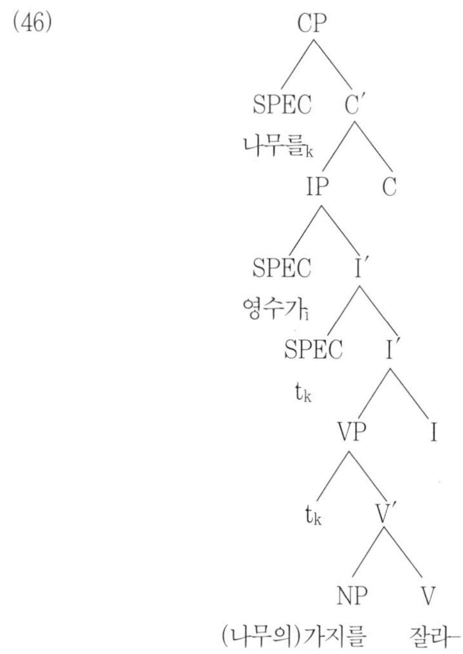

(47) 가. *가지를 영수가 나무를 잘랐다.
　　　 나. *가죽을 사냥꾼이 여우를 팔았다.
　　　 다. *속도를 돌이가 차를 높였다.

　제1목적어와 제2목적어는 비분리적인 의미관계이므로 본유적 목적어인 제2목적어는 제1목적어를 넘을 수 없기 때문에 (47)은 성립될 수 없다. 본유적 목적어를 주제화 위치로 이동하려면 그것의 주체역인 제1목적어는 필연적으로 제2목적어와 함께 이동해야 한다.

　(48) 가. 나무를 가지를 영수가 잘랐다.

　나. 여우를 가죽을 사냥꾼이 팔았다.
　다. 차를 속도를 영수가 높였다.

친족명사도 목적격 중출문을 이룰 수 있다.

　(49) 가. 선생님이 철수를 아버지를 오시라고 하셨다.
　　　 나. 어머니가 영수를 동생을 살피게 하였다.

친족명사가 목적격 중출문을 이룰 때 대부분의 경우 부분명사, 속성
명사와 비슷하지만 다른 점도 있다. 친족명사 목적격 중출문인 예문
(49)도 본유적 목적어와 확대된 목적어를 뒤섞기 할 수 없다.

　(50) 가. *선생님이 아버지를 철수를 오시라고 하셨다.
　　　 나. *어머니가 동생을 영수를 살피게 하였다.

친족명사 목적격 중출문 역시 제1목적어를 문두로 옮겨 주제화하는
것은 가능하다.

　(51) 가. 철수를 선생님이 아버지를 오시라고 하셨다.
　　　 나. 영수를 어머니는 동생을 살피게 했다.

본유적 목적어인 제2목적어는 제1목적어를 넘을 수 없기 때문에 제2
목적어만 문두 주제화의 위치로 이동하는 것은 불가능하다.

　(52) 가. *아버지를 선생님이 철수를 오시하고 하셨다.
　　　 나. *동생을 어머니가 영수를 살피게 했다.

친족명사 목적격 중출문은 제1목적어와 제2목적어가 함께 문두 위치로 이동해도 자연스럽지 못한 문장이 된다.

(53) 가. $^?$철수를 아버지를 선생님이 오시라고 하셨다.
　　 나. $^?$영수를 동생을 어머니가 살피게 했다.

친족명사는 부분명사, 속성명사와 같이 다 1항명사임에도 불구하고 (53)의 현상과 같은 차이를 보이는데 이것은 문장의 기저구조의 차이로부터 살펴볼 수 있다.

(54) 가. 영수가 나무를 가지를 잘랐다.
　　 가′. 영수가 나무의 가지를 잘랐다.
　　 가″. 나무의 가지를 영수가 잘랐다.
　　 나. 돌이가 차를 속도를 높였다.
　　 나′. 돌이가 차의 속도를 높였다.
　　 나″. 차의 속도를 돌이가 높였다.

(55) 가. 선생님이 철수를 아버지를 오시라고 하셨다.
　　 가′. 선생님이 철수에게 (철수의) 아버지를 오시라고 하셨다.
　　 가″. $^?$철수에게 아버지를 선생님이 오시라고 하셨다.
　　 나. 어머니가 영수를 동생을 살피게 했다.
　　 나′. 어머니가 영수에게 (영수의) 동생을 살피게 했다.
　　 나″. $^?$영수에게 동생을 어머니가 살피게 했다.

위 예문이 보여주다시피 제2목적어가 부분명사, 속성명사일 경우 제1목적어는 기저구조에서 제2목적어의 관형어로서 NP_b+NP_a는 문장에서 확대된 하나의 성분으로 된다.

그러나 NP_a가 친족어인 (55)는 NP_b가 기저구조에서 부사어이다. 우리말의 정상적인 어순은 "주어+부사어+목적어+술어"이다. 때문에 부사어, 목적어 두 성분을 동시에 문두로 이동하는 것이 좀 자연스럽지 못한 문장을 만드는 원인으로 되는 것 같다.

또 다른 하나의 원인으로 의미적 특징을 든다면 친족명사의 개념적 특성이라고 보인다.

부분명사와 속성명사는 그 주체명사와 'NP$_b$∋NP$_a$'의 모형론적 의미론의 형식을 성립하는 목적격 중출문에서 NP$_b$는 NP$_a$에 대해 범위한정의 의미를 나타낸다.[16] 이런 전체와 부분과의 관계에서 각 부분들은 전체와 뗄 수 없는 필연적 동반관계를 전제하게 되고, 이러한 전제하에서 부분에 해당하는 표현들은 전체와의 관계성 속에서 그 특정성이 제공된다. 하지만 친족명사는 그 주체명사와 'NP$_b$∋NP$_a$'의 모형론적 의미론의 형식을 성립할 수 없다. 즉 '철수'와 '철수의 아버지'는 포함관계를 이루지 않고 서로 다른 독립적 개체이다.

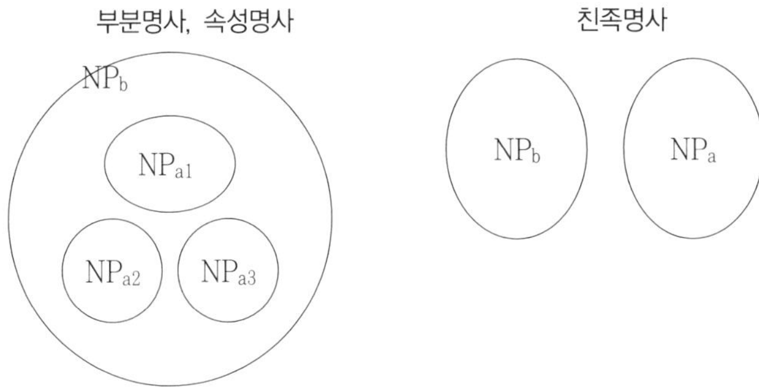

목적격 중출문에서 제1목적어와 제2목적어를 문두의 주제화 위치로

---

16) 대격 '을／를'이 대상성, 한정성의 성질을 띠고 있다는 것은 앞에서 이미 설명한 바 있다.

이동시켰을 때 부분명사, 속성명사의 경우는 NP_b가 NP_a라는 주체에 대해 한정성을 가지기에 정문이 되지만 친족어의 경우에는 의미특성상 그 기능이 결여된다. 따라서 자연스럽지 못한 문장이 된다.

5.2. 2항명사의 통사적 실현양상

한국어 명사에서 하강서술구조를 포함한 2항명사는 그 수가 적지 않은데 이런 명사들은 의미구성과 통사적 실현이 꼭 통일되는 것은 아니다.

이 절에서는 관념 / 정감을 나타내는 2항명사를 예로 2항명사가 실제 통사실현에서 어떤 양상으로 실현되는가를 살펴보겠다.

- 관념 / 정감을 나타내는 2항명사 : 의견, 견해, 고견, 편견, 답안, 결론, 감정, 진정, 정의(情義), 열정, 은정, 은덕, 경계심, 애심(愛心), 편심(偏心), 의심, 감각, 직감, 인상, 신심, 신념, 신앙, 적의, 경의, 호의(好意), 입장, 태도, 책임, 흥취…

$N_{\langle X \rangle}$의 의미는 아래와 같이 개괄할 수 있다.

관념 / 정감⟨사람이 사람 / 사물을 대하다⟩

형식상 이 부류의 명사는 아래와 같이 변환식에 도입될 수 있다.

S_6 : NP_1은 NP_2에 (대하여) N이 있다 ⇆ S_7 : NP_1의 NP_2에 대한 N

(56) 가. 철수는 이 일에 대해 의견이 있다.

　　　⇆ 철수의 이 일에 대한 의견

　　나. 시인은 고향에 감정이 있다.

　　　⇆ 시인의 고향에 대한 감정

　　다. 토착민은 백인에 (대해) 경계심이 있다.

　　　⇆ 토착민의 백인에 대한경계심

　　라. 선생님은 이 일에 책임이 있다.

　　　⇆ 선생님의 이 일에 대한 책임

　　마. 아들은 만화에 흥취가 있다.

　　　⇆ 아들의 만화에 대한 흥취

5.2.1. N⟨x⟩ 명사류의 범위 한정

위에서 예 든 2항명사 외에 많은 서술성 명사(Nv로 표시)도 위의 변환 관계식에 적용될 수 있다.

(57) 가. 교수님은 경상도 방언에 대해 연구가 있다.

　　　⇆ 교수님의 경상도방언에 대한 연구

　　나. 학교는 우수 교원에 대해 장려가 있다.

　　　⇆ 학교의 우수교원에 대한 장려

　　다. 병원은 환자의 증세에 대해 기록이 있다.

　　　⇆ 병원의 환자의 증세에 대한 기록

서술성 명사는 명사와 동사의 성질을 다 갖추고 있는데 S_6과 S_7에서는 명사의 성질을 나타냈다. 이런 단어들이 문장에서 술어일 때는 동사성을 나타낸다. 때문에 Nv는 아래와 같은 문장에도 쓰인다.

$S_8 : NP_1 + NP_2 + Nv$

(58) 가. 교수님은 경상도 방언을 연구하셨다.
　　　나. 학교에서는 우수 교원을 장려한다.
　　　다. 병원에서는 환자의 증세를 기록한다.

관념 / 정감을 나타내는 2항명사 $N_{\langle X \rangle}$는 S_8에 쓰일 수 없다. 때문에 통사구조 사이의 변환관계에 의해 $N_{\langle X \rangle}$ 명사류의 범위를 한정할 수 있다. 즉 $N_{\langle X \rangle}$는 S_6과 S_7에는 쓰일 수 있지만 S_8에는 쓰일 수 없는 명사류이다.

5.2.2. 하강주어와 하강목적어

2항명사의 의미표달식 $N \langle a \ b \ P \rangle$는 문장에서 실현될 때 하강서술구조 $\langle a \ b \ P \rangle$는 $N_{\langle X \rangle}$의 관형절로 실현되어 아래와 같은 형식을 이룬다.

(59) $\langle a \ b \ P \rangle \ N_{\langle X \rangle}$
　　　가. 선생님의 이 일에 대한 의견
　　　나. 노인의 조국에 대한 감정
　　　다. 선생님의 이 일에 대한 책임
　　　라. 애들의 만화에 대한 흥취
　　　마. 토착민의 백인에 대한 경계심

"선생님의 이 일에 대한 의견"에서 직접성분 '선생님의 이 일에 대한'과 '의견'은 수식과 피수식의 관계를 이루지만 간접성분 '선생님'과 '이 일'은 '의견'과 통사구조상 직접적인 문법적관계가 없다. 그러나 '선생님'과 '이 일'은 의미적으로 '의견'에 종속되는 하강서술구조 '선생님이 이 일을 대하다'의 주어와 목적어로 된다. 이런 의미에서 '선생님'은 '의견'의 하강주어(NP$_a$로 표시), '이 일'은 '의견'의 하강목적어(NP$_b$로 표시)라 할 수 있다. 이렇게 의미관계에 의하여 N$_{\langle X \rangle}$의 두 논항에 각각 의미역을 배당한다. 하강주어 NP$_a$와 하강목적어 NP$_b$ 이 두 개념의 도입에 따라 의미표달식 (59)를 (60)과 같이 표시할 수 있다.

(60) (NP$_a$의 NP$_b$에 대한) N$_{\langle X \rangle}$

5.2.3. 하강주어와 하강목적어 승격

의미표달식 (60)에서 2항명사 N$_{\langle X \rangle}$의 두 논항은 다 관형절에 나타났는데 하강주어 NP$_a$와 하강목적어 NP$_b$가 모두 N$_{\langle X \rangle}$의 지배하에 점착상태(bound state)로 존재한다고 할 수 있다. 진술형식 "NP$_a$는 NP$_b$에 대해 N$_{\langle X \rangle}$가 있다"에서 NP$_a$와 NP$_b$는 각각 N$_{\langle X \rangle}$와 병렬하여 주어와 간접목적어로 승격(elevate)하여 N$_{\langle X \rangle}$의 속박에서 벗어나 자유로운 상태(free state)에 있다고 할 수 있다.

N$_{\langle X \rangle}$와 자유상태인 NP$_a$, NP$_b$는 아래와 같은 문장형식을 구성할 수 있다.

S$_a$: NP$_a$+NP$_b$에 대해+N$_{\langle X \rangle}$+V
S$_b$: NP$_a$+NP$_b$에 대해+N$_{\langle X \rangle}$+VP
S$_c$: (NP$_a$의 NP$_b$에 대한) N$_{\langle X \rangle}$+VP

5.2.3.1. S$_a$의 통사적 실현

아래에 먼저 S$_a$: NP$_a$+NP$_b$에 대해+N$_{\langle X \rangle}$+V의 실례를 보자.

(61) 가. 선생님은 이 일에 대해 의견이 있다.

　　　나. 노인은 조국에 대해 깊은 감정이 생겼다.

　　　다. 사장은 이 사고에 대해 책임이 있다.

　　　라. 애들은 만화영화에 대해 흥취가 생겼다.

　　　마. 토착민은 백인에 대해 경계심을 갖고 있다.

　　　바. 나는 그 사람에 대해 인상이 없다.

　　　사. 사람들은 미래 사회에 대해 환상을 품는다.

　　　아. 학생들이 이번 활동에 대해 의견을 말했다.

　　　자. 나는 이 방법에 대해 의견이 없다.

　　　차. 나는 이 일에 대해 신심을 잃었다.

　　　카. 노인은 삶에 대해 재미를 잃었다.

위의 예들을 살펴보면 S_a에 출현하는 동사 V는 아래와 같은 유형에 속하는 동사들이다.

A : 있다, 가지다, 품다
B : 생기다, 발생하다, 산생하다, 말하다
C : 없다
D : 잃다, 상실하다

의미적으로 보았을 때 A조 동사는 '있다'류, B조는 '있게 되다'류, C조는 '없다'류, D조는 '없어지다'를 나타내는 동사들이라고 할 수 있다. '없다'를 '있다'의 특수상황이라고 할 수 있다면 위의 동사들은 '있다'라는 의미성분을 공동으로 소유하고 있다. 따라서 위의 동사들을 '있다'류 동사라 할 수 있으며 "S_a : NP_a＋NP_b에 대해＋$N_{(X)}$＋V"에서 V는 반드시 '있다'류 동사여야 한다는 것을 알 수 있다.

예문 (61)의 통사구조는 아래와 같이 표시할 수 있다.

(62) 선생님은 이 일에 대해 의견이 있다.

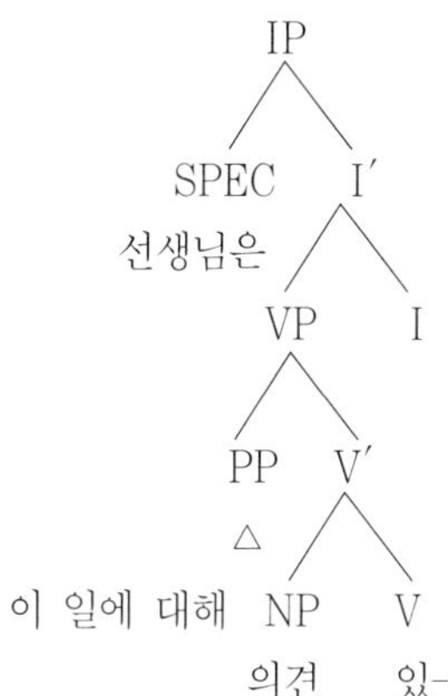

설명의 편리를 위하여 S_a을 S_{a1}로 표시하기로 한다. "S_{a1} : NP_a+NP_b에 대해$+N_{\langle X \rangle}+V$"는 이동규칙에 따라 "S_{a2} : NP_b에 대해$+NP_a+N_{\langle X \rangle}+V$"로 변환할 수 있다.

(63) 가. 이 일에 대해 선생님은 의견이 있다.

　　 나. 조국에 대해 노인은 깊은 감정이 생겼다.

　　 다. 이 사고에 대해 사장은 책임이 있다.

　　 라. 만화영화에 대해 애들은 흥취가 생겼다.

　　 마. 백인에 대해 토착민은 경계심을 갖고 있다.

　　 바. 그 사람에 대해 나는 인상이 없다.

　　 사. 미래 사회에 대해 사람들은 환상을 품는다.

　　 아. 이번 활동에 대해 학생들이 의견을 말했다.

　　 자. 이 방법에 대해 나는 의견이 없다.

　　 차. 이 일에 대해 나는 신심을 잃었다.

　　 카. 노인은 삶에 대해 재미를 잃었다.

(64) 이 일에 대해 선생님은 의견이 있다.

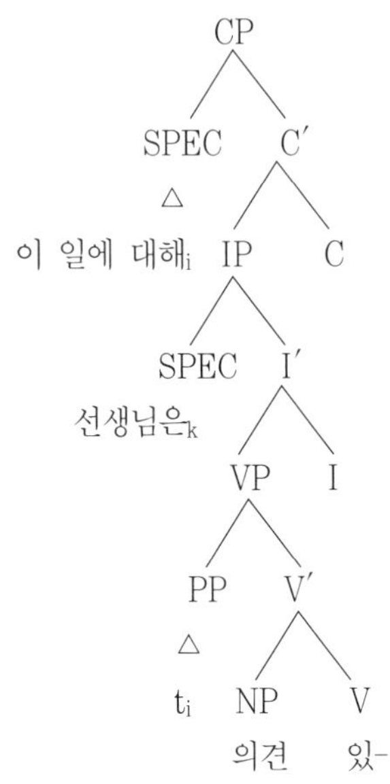

S_{a2}에서 '대해'를 제거하면 "S_{a3} : NP_b에＋NP_a＋$N_{\langle X \rangle}$＋V"이다.

(65) 가. 이 일에 선생님은 의견이 있다.

나. 조국에 노인은 깊은 감정이 생겼다.

다. 이 사고에 사장은 책임이 있다.

라. 만화영화에 애들은 흥취가 생겼다.

마. 백인에 토착민은 경계심을 갖고 있다.

바. 그 사람에 나는 인상이 없다.

사. 미래 사회에 사람들은 환상을 품는다.

아. 이번 활동에 학생들이 의견을 말했다.

자. 이 방법에 나는 의견이 없다.

차. 이 일에 나는 신심을 잃었다.

카. 노인은 삶에 재미를 잃었다.

5.2.3.2. S_b의 통사적 실현

다음 "S_b : NP_a＋NP_b에 대해＋$N_{\langle X \rangle}$＋VP"의 실현상황을 보기로 하자.

(66) 가. 사람들은 이 일에 대해 의견이 아주 많다.
　　　나. 노인은 조국에 대해 감정이 아주 깊다.
　　　다. 사장은 이 사고에 대해 책임이 아주 크다.
　　　라. 애들은 만화영화에 대해 흥취가 아주 농후하다.
　　　마. 토착민은 백인에 대해 경계심이 아주 강하다.
　　　바. 나는 그 사람에 대해 인상이 깊지 않다.

위의 예들을 보면 S_b의 VP는 주로 "정도부사 / 부정부사＋형용사"로 구성되어 $N_{\langle X \rangle}$의 상태를 설명한다.

설명의 편리를 위해 S_b를 아래에서는 S_{b1}로 표시한다. "S_{b1} : NP_a＋NP_b에 대해＋$N_{\langle X \rangle}$＋VP"는 이동규칙에 따라 "S_{b2} : NP_b에 대해＋NP_a＋$N_{\langle X \rangle}$＋VP"로 변환할 수 있다.

(67) 가. 이 일에 대해 사람들은 의견이 아주 많다.
　　　나. 조국에 대해 노인은 감정이 아주 깊다.
　　　다. 이 사고에 대해 사장은 책임이 아주 크다.
　　　라. 만화영화에 대해 애들은 흥취가 아주 농후하다.
　　　마. 백인에 대해 토착민은 경계심이 아주 강하다.
　　　바. 그 사람에 대해 나는 인상이 깊지 않다.

S_{b2}에서 '대해'를 제거하면 "S_{b3} : NP_b＋NP_a＋$N_{\langle X \rangle}$＋VP"로 된다.

(68) 가. 이 일에 사람들은 의견이 아주 많다.
　　　나. 조국에 노인은 감정이 아주 깊다.
　　　다. 이 사고에 사장은 책임이 아주 크다.

라. 만화영화에 애들은 흥취가 아주 농후하다.
마. *?백인에 토착민은 경계심이 아주 강하다.
바. *?그 사람에 나는 인상이 깊지 않다.

S_{b3}의 성립은 위에서 본 것처럼 일정한 제한을 받는다. $N_{\langle X \rangle}$의 하강 서술구조에서 NP_a가 활동체명사일 경우 S_{b3}는 성립되지 않는다.

5.2.3.3. S_c의 통사적 실현

마지막으로 "S_c : (NP_a의 NP_b에 대한)$N_{\langle X \rangle}$+VP"의 실례를 보자.

(69) 가. 사람들의 이 일에 대한 의견이 많다.
나. 노인의 조국에 대한 감정이 깊다.
다. 사장의 이 사고에 대한 책임이 크다.
라. 애들의 만화영화에 대한 흥취가 농후하다.
마. 토착민의 백인에 대한 경계심이 강하다.
바. 나의 그 사람에 대한 인상은 깊지 않다.

위의 예들로부터 S_c은 S_b와 서로 대응됨을 알 수 있다. 다른 점이라면 S_b은 NP_a와 NP_b가 자유상태에 있고 S_c은 NP_a와 NP_b가 $N_{\langle X \rangle}$의 종속지위에 있다는 것이다. 설명의 편리를 위하여 S_c을 S_{c1}로 표기하기로 한다. S_{c1}은 "S_{c2} : (NP_b에 대한 NP_a의)$N_{\langle X \rangle}$+VP"로 변환할 수 있다.

(70) 가. 이 일에 대한 사람들의 의견이 많다.
나. 조국에 대한 노인의 감정이 깊다.
다. 이 사고에 대한 사장의 책임이 크다.
라. 만화영화에 대한 애들의 흥취가 농후하다.
마. 백인에 대한 토착민의 경계심이 강하다.

바. 그 사람에 대한 나의 인상은 깊지 않다.

S_{c2}는 또 "S_{c3} : (NP_b에 NP_a의) $N_{\langle X \rangle}$+VP"로 변환할 수 있다.

(71) 가. 이 일에 사람들의 의견이 많다.
     나. 조국에 노인의 감정이 깊다.
     다. 이 사고에 사장의 책임이 크다.
     라. 만화영화에 애들의 흥취가 농후하다.
     마. *[?]백인에 토착민의 경계심이 강하다.
     바. *[?]그 사람에 나의 인상은 깊지 않다.

S_{c3}의 성립도 S_{c2}처럼 일정한 제한을 받는다.

S_a, S_b, S_c 이 세 문장형식의 변환관계는 평행성을 이룬다.

S_{a1}	S_{a2}	S_{a3}
NP_a+NP_b에 대해+$N_{\langle X \rangle}$+V → NP_b에 대해+NP_a+$N_{\langle X \rangle}$+V → NP_b에NP_a+$N_{\langle X \rangle}$+V		
S_{b1}	S_{b2}	S_{b3}
NP_a+NP_b에대해+$N_{\langle X \rangle}$+VP → NP_b에 대해+NP_a+$N_{\langle X \rangle}$+VP → NP_b에+NP_a+$N_{\langle X \rangle}$+VP		
S_{c1}	S_{c2}	S_{c3}
(NP_a의 NP_b에 대한 $NN_{\langle X \rangle}$+VP → (NP_b에 대한 NP_a의)$NN_{\langle X \rangle}$+VP → (NP_b에 NP_a의)$N_{\langle X \rangle}$+VP		

그 변화절차는 S_a를 예로 보면 이동규칙에 따라 'NP_b에 대하다'를 문두로 이동하여 S_{a2}을 이루고, S_{a2}에서 '대하다'를 제거하여 S_{a3}을 이룬다. $S_a \sim S_c$의 각 변환식에서 NP_b의 활동범위가 아주 광범위함을 알 수 있다. NP_a의 뒤에 있던 데로부터 NP_a의 앞으로 이동할 수도 있고, 또 종속지위로부터 자유상태로 승격할 수도 있다. 여기서 우리는 NP_b와

N$_{\langle X \rangle}$의 친화력(affinity)이 NP$_a$보다 크다는 것을 추측할 수 있다. 이는 NP$_b$는 N$_{\langle X \rangle}$만이 논항인데 반해 NP$_a$는 술어의 논항이면서 N$_{\langle X \rangle}$의 논항도 겸하고 있다는 데서도 알 수 있다.

NP$_b$는 N$_{\langle X \rangle}$에 의존하는 관계에 있기에 N$_{\langle X \rangle}$에 대해 먼 거리 공제(long-distance control)도 가능하다는 것을 설명한다.

제 6 장

명사에 대한 인지론적 해석

인간의 문화와 사회적 행동, 그리고 사고는 언어 없이는 존재할 수 없다. 그러나 인간의 사고가 전적으로 언어로만 형성되고 표현되는 것은 아니다. 언어가 사고에 미치는 역할의 중요성은 아무도 부정할 수 없지만 한편으로는 사고가 언어를 지배하는 면도 있기 때문에, 사고와 언어의 상호관계는 철학이나 심리학에 있어서 늘 어려운 문제로서 존재해 왔다.

미국의 행동주의 심리학자들은 말은 곧 사고 자체라고 보았고, 극단적으로는 사고의 과정을 후두의 운동 습관이라고 보기까지 했다. 따라서 말을 할 때의 근육 조직의 운동을 측정함으로써 사고를 '과학적으로' 연구하려는 경향도 있었다.

이와 반대되는 입장이 Piaget학파에 의해 제시되었는데, 사고가 곧 언어일 수는 없고 언어에 앞서 인지(認知)가 발달한다는 입장이다. 즉 언어의 발달이 인지의 발달을 가져오는 것이 아니라 인지의 발달이 언어의 발달에 앞서 이루어지며, 인지의 발달이 언어에 반영되는 것이라는 견해이다(채완, 1992 : 122).

우리는 보통 언어의 정태적인 연구에만 치중해 왔을 뿐 동태적인 분석을 홀시하고 있다. 논항구조에 대해서도 동태적인 인식이 결핍하고 은폐해 있는 내적인 규율을 무시하기 때문에 자연언어의 논항이 더욱 어렵게만 여겨진다. 논항구조에 정적인(통사, 의미) 기술은 필요하지만 형태의 제한을 받기에 그것만으로는 충분하지 못하다. 논항구조에 대한 이상적인 연구모식은 겉으로부터 안으로, 정적인 것과 동적인 것을 결합하여 언어교제 차원에 들어서는 것이라 할 수 있다. '인지'(cognition)는 실세계를 어떻게 지각하고 개념화해서 기억하여 그 것을 부려 쓰는가를 포함하는 '정신적 처리과정'으로서 동적인 요소가 강한 것이다.

인지언어학의 가설에 의하면 언어는 독립자족적인 체계가 아니라 사람의 언어능력은 인간의 일반 인지와 사유능력의 일부로써 언어능력과 인지, 사유는 불가분리적이다.

인지모식(認知框架)은 인간이 경험에 근거하여 건립한 개념과 개념 사이의 상대적으로 고정된 관련모식이다. 인간에게 있어서 각종 인지모식은 '자연적' 경험의 유형이다. '자연적'이라고 하는 것은 그것이 인간이 자신을 인식한 산물이고 인간이 외계와 상호 작용한 산물이기 때문이다. 한마디로 인류의 자연속성의 산물인 것이다. 예하면 '용기-내용물'의 인식모식은 인간이 최초로 자신을 인식하면서 건립된 것이다. 인간 자체가 바로 하나의 용기인데 내, 외로 구분할 수 있다. 인간은 생존하려면 가장 기본적으로 호흡하고, 먹고, 배설한다. 주전자와 집 같은 용기는 바로 사람이 이런 기본적인 인식의 기초에서 만들어낸 것이다. 또 예하면, 어린이들은 자신의 사지와 인체와의 연계를 체험하면서 '전체-부분'이란 인지모식을 형성하게 되고 손으로 놀이감을 쥐고 놀고 또 놓는 과정에서 '행위주-동작-수동자'의 인지모식을 형성하게 된다. 인지모식은 심리적으로 '완형'(gestalt) 구조이다. 완형구조는 그 전체를 구성하는 부분에 대한 인지보다 간단한데 보다 쉽게 식별되고 기억되고 사용된다. 이는 이미 많은 심리학실험의 검증을 받았다.

논항구조는 다원적인 면(통사, 의미, 화용)에서 서로 제약하는 종합체이다. 때문에 논항구조에 대해서 오직 통사구조와 의미구조면에서만 기술하는 것은 언어지식에 대한 반영으로서는 필요한 것이지만 충분한 것은 아니다. '인지과정'은 '백과지식'과 '언어행위지식', 즉 교제대상들에게 있는 생활경험과 실천지식을 함께 활용할 것을 요구한다. 때문에 논항구조에 대해서 오직 통사구조와 의미 구조면에서만 기술하는 것은 언어지식에 대한 반영으로서는 필요하지만 충분한 것은 아니다. 여기에는 '언어행위 전제'(교제 조건, 교제 환경, 책략 등) '언외행위', '어휘의미' 및 '비언어적 수단'(표정, 손짓) 등 인지 지식이 포함된다. 예하면 필요한 '언어행위 지식'이 구비되면 특정한 환경에서는 통사적으로 완정한 문장을 다 말할 필요가 없는 것이다.

우리가 여기서 말하는 지식에는 언어지식, 백과지식과 언어행위지식 세 부분이 포함되는데 '인지과정'을 다음과 같이 이해할 수 있다.

$$지식체계 \rightarrow 인지능력 \rightarrow 인지행위 \rightarrow 추리사유$$

'지식체계'는 '인지능력'의 전제라 할 수 있는바, '인지능력'으로 '인지행위'를 할 수 있으며 '추리사유'는 성공적인 '인지행위'의 필연적인 결과라 할 수 있다. 우리는 '추리사유'의 논항구조 이해 책략의 중요성을 강조한다.

'추리'는 이미 있는 지식으로 통사구조의 의미 결여(意聯上的缺陷)를 보충하여 중의성을 배제하고 완정한 정보를 만들어낸다.

추리는 또 은폐적인 논항의 정보를 추리해내는 관건으로 된다. 때문에 우리는 생활경험, 언어지식, 언어의 내재적 논리를 통하여 '인지과정'을 완성하고 통사구조에서 출현하지 않는 논항의 함의를 찾아낼 수 있다.

6장에서는 인지론적 지식으로 1, 2항명사의 생략, 의미활성 등에 대한 해석을 해보기로 한다.

6.1. 1항명사의 인지적 해석

6.1.1. 1항명사의 '것' 대체

아래의 언어현상들을 고찰해 보자.

A	B
철수의 아버지 → *철수의 것	철수의 책가방 → 철수의 것
영희의 남편 → *영희의 것	영희의 양말 → 영희의 것
할아버지의 성격 → *할아버지의 것	할아버지의 지팡이 → 할아버지의 것
언니의 손 → *언니의 것	언니의 시계 → 언니의 것
토끼의 꼬리 → *토끼의 것	토끼의 먹이 → 토끼의 것

A조의 "NP$_1$+의+NP$_2$"는 "NP$_1$+의+것"으로 대체할 수 없지만 B조는 대체할 수 있다. 의존명사 '것'에 대해 이희승(1974)의 『국어 대사전』에는 "항상 다른 말 아래에 붙어서, 그 말이 나타내는 사람, 물건, 일의

이름 대신으로 두루 쓰이는 말"이라고 풀이되어 있다. 그럼에도 A조의 NP₂는 사람,1) 물건의 이름을 나타내는 것이지만 의존명사 '것'으로 대체할 수 없다. 이것은 핵 명사 NP₂의 성질과 관계된다. 이런 명사의 의미는 그 구성이 비교적 복잡하다.

> 아버지 : 사람, 남성, 한 사람의 윗벌 직계 친속
> 남편 : 사람, 남성, 한 여인의 배우자
> 성격 : 일종 속성, 한 사람의 심리적 성질
> 손 : 인체기관의 하나, 사람의 팔목 아래 부분
> 꼬리 : 동물 기관의 하나, 동물의 몸뚱이 뒤끝에 돌출된 부분

의미적으로 위의 명사들은 모종의 사물을 가리킨다. 그런데 다른 명사보다 특이하다고 할 만한 것은 이 명사들은 모종의 사물을 나타내는 동시에 그 사물과 다른 사물 사이의 의존관계에 놓여 있다. 이것을 하강서술구조로 기술할 수 있다.

$$N \langle a\ P\ b \rangle^{2)}$$

N은 "한 사람, 일종 속성, 생물의 일부" 등 의미성분을 가리키고 P는 "…이 …의 모종 친속관계이다, …이 …의 모종 속성이다, …이 …의 구성성분이다" 등 이원관계를 가리킨다. a와 b는 각각 사람, 물체를 나타내는 개체항으로 a와 b는 각각 2원술어 P의 두 논항이다. N과 a가 의

---

1) 사람을 얕잡아 이를 때 "것"으로 대체할 수도 있지만 일반적으로 특정한 담화환경이 주어지지 않았을 경우 우리말의 특성상 '사람'은 '것'으로 대체할 수 없다. 때문에 친족명사는 위의 논의에서 쉽게 배제될 수 있다.
2) N 〈a P b〉, 이 하강서술구조의 의미는 이 책의 p.74에서 설명하였듯이, a, b는 각각 '사람, 사물' 등 논항성분을 가리키고, P는 '대하다'와 같은 술어를 가리킨다.

미상 공지시 관계이고 P의 이원관계는 은폐적인 것이므로 표면적인 통사구조를 기술하는 데 편리하도록 위의 공식을 아래와 같이 다시 쓰도록 한다.

$$NP_a(P)NP_b \text{ 또는 } NP_a \rightarrow NP_b$$

이 공식은 NP_a가 문장에서 출현할 때 NP_a와 의미적으로 P관계에 있는 명사구 NP_b도 공기할 것을 요구한다는 것이다. 즉 다시 말하면 NP_a가 1항명사일 때 이 핵 명사는 의미적으로 종속관계에 있는 NP_b를 지배할 것을 요구한다. 예하면 "아버지 → 철수", "남편 → 영희", "성격 → 할아버지", "손 → 언니", "꼬리 → 토끼" 등이다. 이런 "NP_1의 NP_2"에서 NP_2는 통사구조에서 중심어일 뿐만 아니라 의미적으로 지배성분이다. 위의 A조에서 통사·의미의 주축(pivot)인 NP_2을 의존명사 '것'으로 대체하였기에 원래의 의미가 불완전해졌다. 때문에 아래와 같이 결론을 내릴 수 있다.

    (1) "NP_1+의+NP_2" 구조에서 NP_2가 1항명사일 때, NP_2는 의존명사 '것'으로 대체할 수 없다.

1항명사 NP_a가 통사구조에 출현할 때 종속성분인 NP_b도 공기할 것을 요구한다. 즉 NP_a와 NP_b 사이에는 통사·의미상 의존관계에 있다.

1항명사의 이런 문법적 특징은 인지적 면에서 해석할 수 있다. 심리학자들의 연구에 의하면 의미의 심리적 표현(mental representation)은 하나의 개념망이라고 할 수 있다. 한 어휘를 사용하는 과정에 한 어휘의 의미는 지식망 속에서 그와 관련되는 의미들을 활성화시킬 수 있는데 이것이 의미의 확산성 활성화(spreading activation)이다. 예하면 친속명사 '아버지'의 의미구조에는 "남성, 성년, 한 사람의 윗벌 직계 친속" 등 의미자질들이 내포되어 있는데 이 '아버지'란 어휘를 사용하면서 '한 사람의'라는 참조물을 확정하게 한다. 친족명사는 일종 색인어 (index term)로 반드시 명확한 참조점이 있어야 그 가리키는 대상이 확실해진다. '아버지'라는 단어만으로는 가리키는 대상이 명확하지 않다. 오직 '철수의 아버지'라고 그 참조점을 밝혀야만 가리키는 대상이 명확해진다. 때문에 친속명사는 문장에 출현할 때 참조명사와 공기할 것을 요구한다.

속성명사는 사물의 추상적인 성질, 다시 말하면 색깔, 형태, 맛, 성격 등을 나타낸다. 속성은 실체 속에 존재한다. 예하면 형태는 한 사물의 기하학적 성질이고 성격은 한 사람의 심리적 성질이다. 즉 속성명사 (NP_a)는 의미적으로 완정하지 못하다. 오직 주체명사(NP_b)가 출현해야만 그 의미가 구체화되고 명확해질 수 있다.

부분명사는 한 사물의 불가분리적 구성부분으로 그 사물의 원형 (prototype sense)을 그리는데 그 자체는 원형의 초점(perspective focus)으로 된다. 예하면 '손'은 '사람'이라는 원형을 그리고 '손' 그 자체는 '사람'이라는 원형에 돌출된 구성부분(configuran)이다. 즉 부분명사(NP_a)는 원형명사(NP_b)의 의미를 활성화시키고 NP_a와 NP_b 사이에는 "부분-전체"라는 아주 긴밀한 인지적 연계가 있다. 때문에 부분명사가 문장 속에 출현할 때 원형명사와 공기할 것을 요구한다.

총적으로 친속명사, 속성명사와 부분명사 등 1항명사는 늘 상응한 참조물명사, 주체명사와 원형명사를 활성화시키고 또 꼭 활성화시켜야만 하는 명사들이라고 할 수 있다.

6.1.2. 1항명사의 생략과 의미활성

'생략'은 언어실제에 존재하는 현상이다. 이것은 의식 속에는 존재하지만 언어행위에서는 출현하지 않는 현상이다.

언어교제과정에서 사람들은 '언어소구조'를 많이 이용한다. 이것은 '언어경제'(economy of speech)[3)의 반영이고 현대 생활의 빠른 절주의 반영이라 할 수 있다. 즉 사람들은 정보량이 변하지 않는 상황하에서 되도록 적은 언어수단을 사용하려고 한다. '논항생략'도 언어의 이런 '합리화' 경향의 재현이라 할 수 있다. '논항생략'은 겉으로 보기에는 논항

---

3) economy[經濟]는, 언어기술에서 필요한 단위로 음소들의 수를 될 수 있는 한 적게 하는 것, 그리고 똑같은 음소라 하더라도 설정할 때의 조작을 될 수 있는 대로 간단히 할 때를 일컫는 용어이다. 언어행위를 규제하고 있는 가장 큰 원리는 잉여성을 줄이는 경제와 소통을 위한 구별의 명확성이라는 양극적 원리이다. 즉, 우리들의 발화행위는 그 내용이 상대방에게 화자의 의도가 전해진다는 보장만 되면, 가능한 한 적은 노력으로, 즉 가능한 한 적은 단어로 언어행위를 하려고 하는 경향이 있는데, 이 경향을 "言語經濟"(economy of speech)라 부른다. 언어의 경제성 표준은 실제 조작에서 아주 복잡하다. 어느 한 부분을 간결화 하면 다른 방면이 더 길고 복잡해질 수도 있기 때문이다. 완정한 기술을 하기 전에는 모든 경제성 표준은 다 임시적(臨時的)인 것이다. 그러나 생성문법은 여전히 경제성의 이론적 의의를 강조하고 이 개념에 대해 형식적 해석을 시도하기도 했다.
기술의 상대적 경제성에 관하여 간단한 예로 생성문법의 일부 기본적 규칙을 볼 수 있다. 구절구조규칙을 아래와 같이 쓰면 경제적이다.
A. (1) $S \rightarrow NP + VP$
  (2) $VP \rightarrow V + NP$
  (3) $NP \rightarrow Det + N$
만약 이런 순서로 쓰지 않고 규칙 (2) 앞에 먼저 규칙 (3)을 쓰면 (3)의 NP는 규칙 (1)의 NP를 다시 쓰지만, 규칙 (2)의 NP에는 적용되지 않으므로 (2)의 NP를 다시 쓰는 규칙 (4)를 증가해야 한다.
B. (1) $S \rightarrow NP_1 + VP$
  (2) $NP_1 \rightarrow Det + N$
  (3) $VP \rightarrow V + NP_2$
  (4) $NP_2 \rightarrow Det + N$
경제성으로 볼 때 A는 B보다 우월하다.

구조를 위반한 것 같지만 실제 언어생활에서 '논항생략' 현상은 수용되고 있다. 반대로 '논항생략'을 하지 않으면 오히려 잉여정보로 되어 군더더기로 될 수도 있다.

'논항생략'은 의미성분의 결여이고 인지상의 생략이다. 이런 생략성분은 배경 지식을 통해 언어현장이나 상하문을 통해 찾아낼 수 있다. 즉 인지를 통해 인지상의 생략 성분을 되찾는 것이다. 때문에 '인지'는 논항구조를 전면적으로 이해하는 데 아주 중요하다.

> (2) 가. 지선이는 성격이 명랑하다.
> → 지선이는 명랑하다.
> 나. 다혜는 얼굴이 예쁘다.
> → 다혜는 예쁘다.
> 다. 영수는 마음이 어질다.
> → 영수는 어질다.

(2가, 나, 다)에서 1항명사의 의미는 술어인 형용사의 선택특징 속에 포함되어 있다([성격이] 명랑하다, [얼굴이] 예쁘다, [마음이] 어질다). 그리고 주어 '지선, 다혜, 영수'는 [+사람]이라는 의미적 특징을 나타내며 [+사람]은 또 [성격, 얼굴, 마음…] 등 의미들을 활성화 할 수 있다. 그래서 1항명사는 문장 속에서 잉여성분으로 되므로 생략할 수 있다.

> (3) 철수는 눈이 크다.
> → *철수는 크다.

(3)에서 형용사 '크다'는 [눈]이라는 의미를 포함하지 않기에 (4)에서는 1항명사 '눈'을 생략할 수 없다.

6.1.2.1. 1항명사의 의미를 동사가 포용할 경우

한 어휘소의 의미 속에 다른 어휘소의 의미가 본유적(innate)으로 포함되어 있는 관계를 포용관계(encapsulated relation)라고 한다. 예컨대 동사 '걷다'는 '발'의 사용을 전제로 하기 때문에 '걷다'의 의미 속에는 애당초 '발로'의 의미가 포함되어 있다. 곧, '걷다'는 '발'을 포용(encapsulation)하고 있는데 이때 두 어휘소 사이의 의미관계를 포용관계라 한다.

포용의 개념은 통합적 장이론을 전개한 포르지히(W. Porzig, 1934)의 장이론에서 유래한다. 포르지히(1934)는 한 어휘소와 그것과 통합이 가능한 관계에 있는 다른 어휘소들이 하나의 장을 이룰 수 있다고 보았다. 다음 (4)은 동사와 명사 사이의 통합 관계를 보여주는 예이다.

> (4) 가. 잡다 : 손
>   나. 핥다 : 혀

(4가)에서 동사 '잡다'와 공기하는 명사는 '손'이다. 곧, '잡다'는 '손'의 사용을 전제로 한고 있다. (4나)의 두 어휘소 '핥다'와 '혀'도 마찬가지의 관계에 있다. 곧, 동사 '잡다'와 '핥다'의 의미 속에는 각각 명사 '손'과 '혀'의 의미가 포함되어 있다.

포르지히는 이와 같이 한 어휘소가 의미상 다른 어휘소를 포함하고, 그럼으로써 두 어휘소가 의미상 불가분리의 관계에 있는 것에 주목하여, 이 두 어휘소의 의미 사이에 본질적으로 존재하는 관계를 본질적인 의미관계라고 하였다. 그리고 본질적인 의미관계에 있는 어휘소들의 집합이 한 의미장을 이루는 것으로 보았다.

본질적인 의미관계에 따라 구성되는 의미장은 연어(collocation)와 포용의 개념으로 설명할 수 있다. '차다'와 '발' 사이의 본질적 의미관계는 연어적 성격을 띠고 있으며, 이것들은 통합관계의 기본이 됨은 물론 장 형성의 바탕을 이룬다. 그리고 '차다'라는 어휘소 속에는 '발로'라는 의미가 포용되어 있다. '치다'와 '주먹'의 관계를 통하여 다시 살펴보면, 이 두 어휘소는 연어적 성격을 띠고 있으며, 어휘소 '치다' 속에는 '주먹으로'라는 의미가 포용되어 있다고 말할 수 있다.

포용관계가 특정의 품사 사이에서만 성립되는 관계는 아니지만 일반적으로 동사(또는 형용사)와 명사 사이에서 그 관계가 분명하게 드러난다.

   (5) 가. 보다 : 눈, 듣다 : 귀, 물다 : 이
       나. 자르다 : 칼, 굽다 : 불
       다. 입다 : 옷, 쓰다 : 모자, 끼다 : 장갑, 신다 : 신, 차다 : 시계
       라. 짖다 : 개, 피다 : 꽃

포용관계의 보기로 쉽게 떠오르는 것은 (5가)나 (5나)에서와 같이 어떤 행위와 그 행위의 실행에 사용되는 기관 또는 도구(재료)와의 관계로 결합되는 것이다. 그러나 포용관계의 예는 이런 것들에만 국한되지 않는다. (5다)는 이른바 착용동사와 그 대상의 관계로 묶인 것이며, (5라)는 어떤 행위와 그 주체의 관계로 통합된 것이다. 이 밖에도 동사와 명사가 통합된 예는 일일이 열거할 수 없을 정도로 많으며, 형용사와 명사의 관계에서도 많은 예를 찾아볼 수 있다. 이 책의 논의대상인 1항명사는 동사와 포용관계를 이룰 때 보통 문장에서 그 동사의 도구역, 장소역 등을 담당한다.

a. 감각동사

감각동사란 어떤 대상에 의해서 사람의 감각기관이 구체적인 자극을 받을 경우, 즉 사물 자체의 속성이나 인간신체내부의 어떤 감각을 구체적으로 표현한 것을 의미한다.

정재윤(1999)은 감각동사는 인간의 감각행위 자체를 가리키는 경우와 감각기관의 어떤 자극을 구체적으로 표현하는 두 가지로 나눌 수 있는데 전자는 동작성이 수반되므로 동작성 감각동사, 후자는 사물자체의 속성이나 상태가 수반되므로 상태성 감각동사라고 하였다. 이 책에서의 감각동사는 동작성이 수반된 동작성 감각동사이고 정재윤(1999)의 상태성 감각동사는 형용사에서 논의한다.

감각에는 시각·청각·미각·후각·촉각 등이 있는데 이런 감각을 나타내는 동사는 그 의미구조에 동작주체의 구성부분의 개념이 내포되어 있기에 그 구성부분을 가리키는 1항명사는 생략할 수 있다.

> (6) 가. 영희가 장미꽃을 (눈으로) 본다.4)
> 나. (코로) 냄새를 맡았다.
> 다. 영수는 할아버지의 이야기를 (귀로) 들었다.
> 라. 곰이 (혀로) 발바닥을 핥는다.

1항명사 '눈, 코, 귀, 혀'는 각각 문장에서 도구역을 담당하고 있다. 여기서 감각동사 '보다'와 '눈'은 서로 포용관계에 있다. '보다'는 기본적

---

4) 이병규(2001)에서는 이런 현상을 '잠재논항'으로 처리하였다. 잠재논항이란 서술어의 의미를 완전히 표현해주기 위해서는 반드시 나타나야만 하지만, 논항위치(A-position)에 연결되는 명사의 의미자질에 따라 문장구조에서 나타나지 않더라도 수용가능한 단문을 이룰 경우, 숨겨질 수 있는 논항을 말한다. 잠재논항은 의미역을 갖는 논항이 명시적 위치에 음성적으로 실현되지는 않는 것이지만 논항으로서 독자적인 통사적 기능을 유지한다.

의미가 '사물의 모양을 눈을 통해서 알다'이므로 본질적인 의미관계에서 '눈'이라는 의미가 포용되어 있다.

이와 같은 포용관계에 있는 명사와 동사(또는 형용사) 가운데서 본질적인 관계를 성립하게 하는 핵심은 동사 또는 형용사이다. 동사와 형용사에는 서술의 기능이 있으며, 이 서술기능에 의하여 궁극적으로 명사가 선택되어 지기 때문이다. "보다 : 눈"의 관계에서 '보다'는 '눈'을 필요로 하기 때문에 동사 '보다'쪽에서 보면 '눈'은 필수불가결한 것이다. 그런데 '눈' 쪽에서 보면 이것과 통합할 수 있는 동사는 '보다'뿐만 아니라 '감다, 뜨다, 수술하다…' 등 아주 많다. 즉 동사와 형용사는 그것이 서술하는 대상이나 상황이 한정되어 있는 데 반하여, 명사는 그것과 관련 있는 서술이 다양하게 나타날 수 있기 때문에 포용관계에서의 핵심은 동사 또는 형용사 쪽에 있다.

'보다'의 기본적 의미는 [+시각적]이다. '보다'가 기본의미로 쓰이지 않고 파생의미로 쓰였을 경우, [−시각적]으로 쓰일 경우에는 '눈'이 도구역이 될 수 없다.

> (7) 가. 최씨네가 며느리를 본다.
> 　　가'. *최씨네가 눈으로 며느리를 본다.
> 　　나. 학교에 가면 선생님 말씀을 잘 들어야 한다.
> 　　나'. *학교에 가면 선생님 말씀을 귀로 잘 들어야 한다.
> 　　다. 놈들이 무언가 냄새를 맡은 것 같다.
> 　　다'. *놈들이 무언가 코로 냄새를 맡은 것 같다.

감각동사는 (6)에서와 같이 무표적인 원형의미5)로 쓰일 때는 1항명

---

5) '낱말현상'이나 '점화'(priming) 과정에서 일차적으로 반응되는 의미는 원형의미이다. 원형의미는 파생의미에 비하여 주의력, 정신적 노력, 처리 시간 등에 있어서

사(부분명사)와 포용관계를 이루지만 (7)에서처럼 유표적인 파생적 의미로 쓰일 때는 그 명사의 의미를 내포하지 않는다.

b. 착용동사

착용동사는 의복 등을 입거나 몸에 차는 것을 나타내는 동사이다. 예하면 '입다, 쓰다, 신다' 등이다. 여기서는 의복 등을 벗거나 몸에서 제거함을 나타내는 동사('벗다')도 편의상 착용동사라 하겠다.

착용동사에서는 그 의미구조에 동작이 진행되는 장소(신체부위)의 개념이 포함되는 동사는 그 신체부위를 나타내는 1항명사를 생략할 수 있다.

> (8) 가. 영수는 (발에) 신을 신고 나갔다.
> 　　나. 지선이는 (몸에) 외투를 입었다.

그런데 우리말 특성상 많은 착용동사는 특정한 어느 한 곳의 신체부위 개념만 포용되어 있는 것이 아니라 여러 부위의 개념이 포용된다.

> (9) 가. 영수는 (머리에) 모자를 쓴다.
> 　　나. 영수는 (눈에) 안경을 쓴다.
> 　　다. 영수가 (머리에서) 모자를 벗었다.
> 　　라. 영수가 (눈에서) 안경을 벗었다.

동사 '쓰다'와 '벗다'는 인체의 여러 부위의 개념이 포함되어 있는 착용동사이다. 때문에 특정한 담화상황이 이루어지지 않았을 경우 동사

인지적으로 더 단순하다. 그 까닭은 원형의미가 파생의미에 비하여 지각상으로나 인지적으로 더 현저하기 때문이다. 때문에 형태적으로나 통사적으로 원형의미는 중립적이고 무표적인 반면 여러 가지 제약을 가지는 파생의미는 유표적이다.

'쓰다', '벗다'만으로는 동작이 진행되는 장소(신체부위)를 정확하게 나타
낼 수 없다. 동사만으로는 그 뜻이 명료하지 않지만 장소역인 1항명사
를 생략할 수 있는데 그것은 그 착용동사의 대상역인 목적어가 착용동
사와 연어적으로 쓰이면서 장소를 한정해주는 작용을 하기 때문이다.
(9가)에서 "모자를 쓴다"는 '모자'가 '머리'라는 신체부위를 한정하고 "안
경을 쓴다"는 '안경'이 '눈'이라는 신체부위를 한정해준다. 때문에 신체
부위를 나타내는 1항명사는 여전히 생략될 때가 많다. 그 예를 더 보이
면 아래와 같다.

> (10) 가. (손에) 장갑을 낀다.
>   나. (손가락에) 반지를 낀다.
>   다. (눈에) 안경을 낀다.

> (11) 가. (목에) 넥타이를 맨다.
>   나. (허리에) 허리띠를 맨다.
>   다. (머리에) 고운 리본을 맨다.

1항명사와 포용관계에 있는 감각동사와 착용동사는 실제 사용에서 1
항명사가 출현할 수도 있고 생략될 수도 있지만 때로는 1항명사의 출
현이 군더더기로 되어 부자연스러운 문장을 만들어내는 경우도 있다.

> (12) 가. 공항 출구를 나오는 아버지를 본 영희는 (손으로) 꽃을 흔들며
>   달려갔다.
>   나. 영수는 (몸에) 외투를 입었다.
>   다. 영수는 (몸에서) 외투를 벗었다.

(12가)에서 '손으로'는 동사 '흔들다'의 도구역이고 (12나, 다)에서

'몸에', '몸에서'는 동사 '입다', '벗다'의 동작이 진행되는 장소역이다. 그런데 이런 도구역, 장소역의 출현이 문장을 더 완정하게 해주는 것이 아니라 우리말 사용자에게는 오히려 어색하기만 하다. 감각동사 "흔들다 : 손", 착용동사 "입다 : 몸", "벗다 : 몸"은 서로 포용관계에 있으므로 명사의 어휘소 의미가 동시에 내포되어 있다. 우리말 사용자의 언어습관상 위 예문에서는 도구역 '손으로'와 장소역 '목에', '몸에서'는 군더더기로 문장의 외현구조에 출현하지 않는 것이 더 바른 문장으로 된다.

6.1.2.2. 형용사

형용사는 사물의 성질, 상태 등 속성을 나타낸다. 사물의 속성은 다방면적이다. 그러므로 형용사는 일반적으로 한 사물의 여러 속성 중 한 방면을 나타내는데 이 한 방면의 속성은 보통 속성명사로 지칭한다. 때문에 표층구조는 아래와 같이 구조화할 수 있다.

(13) 주체명사＋속성명사＋형용사

예하면 다음과 같다.

(14) 가. 해방군은 규율이 엄하다.
　　　나. 이 회사는 재력이 든든하다.

속성명사와 포용관계에 있는 형용사가운데서 속성명사와 공기할 수 있는 형용사가 있는가 하면 속성명사와 공기할 수 없는 형용사도 있다.

(15) 가. 국화가 (냄새가) 향긋하다.
　　　나. 약이 (맛이) 쓰다.

　　다. 산이 (색깔이) 푸르다.
　　라. 이 연필은 (길이가) 길다.

　위 예문은 기본의미에서 속성명사와 포용관계에 있는 형용사가 속성명사를 생략할 수도 있고 속성명사와 공기할 수도 있는 것들이다. 그런데 아래 예문의 형용사는 포용관계에 있는 속성명사와 공기할 수 없다.

　(16) 가. 이 사람은 성급하다.
　　　　→ *이 사람은 성격이 성급하다.
　　　　나. 어머니는 애타게 기다린다.
　　　　→ *어머니는 마음이 애타게 기다린다.

　'성급하다'는 "성격이 급하다"는 뜻인데 '성격'과 '급하다' 두 어휘가 합성되어 이루어진 어휘로 속성명사 '성격'의 출현은 같은 어휘가 두 번 출현하는 것이 된다. 이런 형용사에는 또 '목마르다, 애타다, 배부르다, 숨가쁘다, 기막히다, 겁나다, 정겹다…' 등이 있다.

　(17) 가. 할아버지는 늙었다.
　　　　→ *할아버지는 연세가 늙었다.
　　　　나. 영수는 젊다.
　　　　→ 영수는 나이가 젊다.
　　　　다. 영수는 컸다.
　　　　→ *영수는 나이가 컸다.
　　　　라. 영수는 작다.
　　　　→ 영수는 나이가 작다.

　'늙다'는 "나이가 많아지다"는 뜻이고 '젊다'는 "나이가 적다"는 뜻으로 각각 속성명사 '나이'와 포용관계에 있다. 그런데 '젊다'는 '나이'와 공기할 수 있지만 '늙다'는 '나이'와 공기할 수 없다. (17다, 라)의 '크다'와 '작다'도 '작다'는 '나이'와 공기할 수 있는 데 반해 '크다'는 공기할 수 없다. 이것은 '늙다'와 '크다'의 품사적 특수성에 그 원인이 있는 듯싶다. '늙다'와 '크다'는 형용사로 쓰이는 동시에 동사의 구실도 한다.6)

> (18) 가. 그렇지만 죽는 사람은 죽고, 사는 사람은 살고, 늙는 사람은 늙
> 고 자라는 사람은 자라는 것이 세상이니까(남영신, 1998, 『국
> 어사전』, p.482)
> 나. 한창 크는 때라 밥도 많이 먹는다.

이처럼 사물의 움직임이나 작용을 나타내는 동사와 사물의 성질이나 상태를 나타내는 형용사에 넘나들면서 쓰이는 특성이 속성명사와의 공기에 일정한 제약을 주고 있는 것 같다.

어떤 형용사는 의미구조가 여러 속성명사의 의미를 포용하고 있고 또 그 의미들의 현저성에 차이가 없을 경우에는 속성명사를 생략할 수 없다.

> (19) 가. 책임감이 강하다 ~ 마음이 강하다 ~당성이 강하다

---

6) 범언어적으로 명사와 동사를 갖지 않는 언어는 없는 반면, 어떤 언어에는 형용사가 없는데, 이 경우 형용사에 대응되는 개념은 명사나 동사에서 발견된다고 한다(Givón, 1979 : 321). Croft(1991)는 품사의 원형을 의미적 분류와 문장 속에서 사용되는 기능에 의하여 설정하고 있는데, 전형적으로 '명사'는 사물을 나타내고 지시기능을 가지며, '동사'는 동작을 나타내고 수식기능을 가지며, '형용사'는 속성을 나타내고 수식기능을 갖는다고 하였다(임지룡, 1997 : 426-427). 이로부터 동사 구실도 하고 형용사 구실도 하는 단어는 동사적 기능 쪽으로 힘이 더 기울어질 것이라고 추정해본다. 그러면 이런 단어들이 사물의 속성을 나타내는 형용사로 쓰일 때도 그 동사적 힘에 의해 다른 온전한 형용사와는 달리 일정한 제약이 따를 것이라고 추정할 수 있다.

나. 고생이 심하다 ～ 재난이 심하다 ～ 죄악이 심하다

형용사 '강하다'는 의미적 선택특성에서 볼 때 '능력, 당성, 구지욕, 책임감…' 등과 공기할 수 있고 '심하다'는 '고생, 재난, 죄악…' 등과 공기할 수 있으므로 이때 속성명사는 생략할 수 없고 반드시 출현하여야 한다.

일부 형용사는 의미구조가 여러 의미항을 내포하지만 그 의미항들이 나타내는 속성은 부동한 주체의 속성이 된다. 때문에 주체명사와 형용사의 결합은 형용사가 내포하고 있는 많은 의미항 가운데서 어느 하나 또는 몇 개로 한정할 수 있다. 주체명사와의 결합이 형용사의 선택 의미항을 하나로 한정했을 경우에는 속성명사는 생략될 수 있다.

(20) 가. 회의실은 (분위기가) 아주 엄숙하다.
　　　나. 그는 (태도가 / 표정이) 아주 엄숙하다.
　　　다. 이 글은 (내용이) 슬프다.
　　　라. 나는 (마음이) 슬프다.

형용사 '엄숙하다'는 '태도, 표정, 분위기 등이 엄하고 장중함'을 나타낸다. 즉 의미 선택항에는 '태도, 표정, 분위기…' 등 속성이 있다. 주체명사 '회의실'은 '태도'란 속성이 없고 '그'는 '분위기'라는 속성이 없다. 그래서 '그'와 '엄숙하다'의 결합은 '태도 / 표정'이라는 의미를 활성화시키고 '회의실'과 '엄숙하다'의 조합은 '분위기'라는 의미만 활성화시키기 때문에 속성명사들은 생략할 수 있다. 마찬가지로 '글'과 '슬프다'는 '내용'을, '나'와 '슬프다'의 결합은 '마음'을 활성화시킨다.

형용사의 의미구조에는 보통 여러 개의 의미 선택항이 있다. 하지만 이런 의미 선택항들은 그 의미의 강약 정도가 다 동등한 것은 아니다. 주체명사와 형용사의 결합이 의미 선택항의 범위를 줄여주긴 하지만 주체명사와 형용사가 결합한 후에 그 선택항이 반드시 하나로 한정되는 것도 아니다.

    (21) 그는 엄숙하다.
        가. 그는 <u>태도가</u> 엄숙하다.
        나. 그는 <u>표정이</u> 엄숙하다.

(21)에서는 보듯이 "그는 엄숙하다" 이 문장에서 '엄숙하다'는 '태도'와 '표정' 두 개의 의미선택항이 있다. 보통 의미선택항이 여러 개 있을 때는 속성명사가 외현구조에 출현해야만 의미의 모호성을 피하여 정문이 된다. 그러나 의미선택항들 사이에 의미의 현저성(prominence)에 등급이 있다면 속성명사가 출현하지 않은, "주체명사＋형용사"는 현저성 등급이 보다 높은 의미를 나타내는 것으로 된다. 보다 약한 의미를 나타내려고 하면 그 속성명사는 특정한 담화상황이 이루어져야 한다. 따라서 (21)에서 심리적 속성인 '태도'는 물리적 속성인 '표정'보다 의미실현의 강도가 높다. 때문에 (21)의 원형은 (21가)라고 할 수 있다.7) 여기서 주체명사는 반드시 출현해야 한다.

    (22) 가. 그는 마음이 아주 괴롭다.
        → 그는 아주 괴롭다.

---

7) 원형(prototype)은 그 범주를 대표할 만한 가장 '전형적' '적절한' '이상적' '좋은' 보기를 말한다. 곧 원형적인 보기는 중심적 보기이며, 비원형적인 보기는 주변적 보기가 된다(임지룡, 1997 : 64).

　나. 그는 몸이 아주 괴롭다.
　　→ *그는 아주 괴롭다.
　다. 강도는 성격이 아주 흉악하다.
　　→ 강도는 아주 흉악하다.
　라. 강도는 몰골이 아주 흉악하다.
　　→ *강도는 아주 흉악하다.

　'괴롭다'는 '마음'과 '몸'이 불편함을 다 나타낼 수 있지만 사람들은 특별한 설명이 없이 "그는 괴롭다"란 문장을 들었을 때 '마음이 괴롭다'로 이해하지 '몸이 괴롭다'란 뜻으로 이해하지 않는다. 이것은 언어교제에서 의사소통과정의 일종 무표적(default) 약속이라고 할 수 있다.8) 마찬가지로 "강도가 흉악하다"고 하면 화자가 특별히 외모특징이라고 말하지 않는 한 청자는 "강도가 성격이 흉악하다"로 이해하게 된다. 이것은 일종 무표적 추리의 논리적 기제라고 할 수 있다.

　형용사의 의미선택항의 강도는 일정한 순서가 있다. 예문 (22)에서 '마음', '성격'은 심리적 속성이고 '몸', '몰골'은 물리적 속성인데 한 형용사의 의미선택항에 심리적 속성과 물리적 속성이 있을 때는 심리적 속성의 현저성이 더 강하다.

---

8) Fillmore & Atking(1992)은 사람의 인지체계는 고립된 개념으로 조직되는 것이 아니라, 내적으로 구조화된 체계 곧 '틀'과 사람의 '믿음, 행동, 경험, 상상력'의 긴밀한 집합들로 구성된 지식의 전체 덩어리 곧 '장면'(scenes)으로 이루어져 있고, 이에 따르면 낱말의 의미는 '경험, 믿음, 관례의 구조화된 배경' 등과 관련하여 이해된다고 했다(임지룡 1997 : 123). '틀'은 일종의 해석적 장치인데, 우리는 그 장치에 의존하여 주어진 문맥내에서 한 낱말의 위상을 이해한다. 레이콥(Lakoff 1977 : 274)에서 '감각운동과 인지적 발달, 지각, 기억, 주의력, 사회적 상호작용, 인격 및 경험의 여러 면'과 독립적으로 언어능력에 관하여 말하는 것은 비현실적이라고 주장하였듯이 문장의 이해는 직감, 육감, 심증 등에 의한 일상적 사고에서는 논리로 설명할 수 없는 심리 · 경험이 판단의 근거가 될 수도 있다.

(23) 가. 영수는 성격이 시원스럽다.
　　　→ 영수는 시원스럽다.
　　가'. 영수는 얼굴이 시원스럽다.
　　　→ *영수는 시원스럽다.
　　나. 선생님의 말에 지선이는 저도 모르게 속이 뜨끔해났다.
　　　→ 선생님의 말에 지선이는 저도 모르게 뜨끔해났다.
　　나'. 선생님의 말에 지선이는 저도 모르게 얼굴이 뜨끔해났다.
　　　→ *선생님의 말에 지선이는 저도 모르게 뜨끔해났다.

(23가)에서 심리적 속성 '성격'과 물리적 속성 '얼굴' 두 의미 선택항에서 심리적 속성 '성격'이 현저성이 높아 "영수는 성격이 시원스럽다"가 "영수는 시원스럽다"의 원형의미이기에 '성격'이 외현구조에 나타나지 않아도 무방하다. 그러나 '얼굴'은 의미실현의 강도가 보다 낮기에 외현구조에 반드시 출현해야 한다. (23나) 역시 같은 도리로 해석이 된다.

전체적 속성과 부분적 속성의 선택항이 있을 때는 전체적 속성이 의미가 더 강하다.

(24) 가. 영수는 몸이 검다.
　　　→ 영수는 검다.
　　가'. 영수는 머리가 검다.
　　　→ *영수는 검다.
　　나. 어머니는 온 몸이 나른해졌다.
　　　→ 어머니는 나른해졌다.
　　나'. 어머니는 다리가 나른해졌다.
　　　→ *어머니는 나른해졌다.
　　다. 다혜는 얼굴이 아련하다.
　　　→ 다혜는 아련하다.
　　다'. 다혜는 눈이 아련하다.

→ *다혜는 아련하다.

(24가, 나, 다)에서 "몸 : 머리", "몸 : 다리", "얼굴 : 눈"은 "전체-부분"의 관계를 이루고 있다. 주체명사와 형용사의 결합은 주체의 전체적 속성을 나타낸다. 일정한 언어환경이 주어지지 않았을 때 어느 특정 부분의 속성을 나타내려면 반드시 부분명사가 출현해야 한다.

형용사의 의미선택항의 강약의 순서는 아래와 같다.

(25) 형용사의 의미선택항에 심리적 속성과 물리적 속성이 있을 경우 일반적으로 심리적 속성이 그 의미가 더 강하고, 전체적 속성과 부분적 속성에서는 전체적 속성이 더 강하다. 심리적 속성에서 '성격'과 '태도'의 의미선택항이 있을 때는 '성격'의 의미가 더 강하다.

심리적 속성 > 물리적 속성, 전체적 속성 > 부분적 속성

성격 > 태도

(26) 가. 선생님은 온화하다.

선생님은 성격이 온화하다 > 선생님은 태도가 온화하다

나. 그 사람이 흉악하다.

그 사람이 성격이 흉물스럽다 > 그 사람이 몰골이 흉물스럽다 >

그 사람이 눈이 흉물스럽다

어떤 형용사의 의미선택항 사이에서 (27)와 같은 속성명사는 주체명사의 점화(priming)[9]에 의해 결정된다. 그래서 주체명사의 기본적 속성

---

9) 점화(priming)란 실험언어학에서 사용되는 용어로서, 실험대상자가 어떤 낱말이란 발화를 통하여 이어질 낱말이나 발화의 반응을 미리 활성화하는 것을 말한다. 예컨대, '겨울'이라는 낱말은 '눈'이라는 낱말을 점화하는데, 어휘결정 과제에서 어떤 사람이 '겨울'을 듣자마자 '눈'을 더 빨리 인지하게 된다. 만약 어떤 낱말이 다른 낱말을 점화하면, 그 낱말들은 머릿속에 더 밀접히 연관되어 있을 것이므로, 이 방법은 낱말 간의 연결고리를 찾는데 사용된다(임지룡, 1997 : 77).

을 나타내는 명사는 생략해도 원형효과10)를 나타낼 수 있지만 약한 특징을 표현할 때는 생략할 수 없다. 형용사에는 강약구별이 없지만 주체명사가 활성화시키는 특징들 사이에 강약이 생긴다. 그래서 의미들 중 강한 특징을 표현하면 그 상응한 명사는 생략할 수 있지만 약한 특징을 표현할 때는 생략할 수 없다.

> (27) 가. 이 술이 맛이 좋다.
> → 이 술이 좋다.
> 가′. 이 술이 색깔이 좋다.
> → *이 술이 좋다.
> 나. 이 꽃이 색깔이 좋다.
> → 이 꽃이 좋다.
> 나′. 이 꽃이 향기가 좋다.
> → *이 꽃이 좋다.
> 다. 이 약이 효과가 좋다.
> → 이 약이 좋다.
> 다′. 이 약이 맛이 좋다.
> → *이 약이 좋다.

　　형용사 '좋다'는 '향기, 색상, 효과, 맛…' 등을 두루 다 표현할 수 있고 주체명사 '술'은 '향기, 색상'이란 의미를, '꽃'은 '색상, 향기'란 의미를 활성화시킬 수 있으며, '약'은 '효과, 맛' 등 의미를 활성화시킬 수 있다. 그러나 '술'은 특별한 향이 있는 음료로서 '술'이라고 하면 '맛'이나 '향기'가 점화되므로 "술이 좋다"고 하면 사람들은 자연히 "맛이 좋다"는 것으로 이해하게 된다. 만약 '술'의 색상을 나타내려면 '색깔'은 반드시

---

10) 원형효과(prototype effect)란 범주구성원들 사이의 비대칭성으로서, 원형적인 보기가 비원형적인 보기에 대하여 특권적, 우월적 효과를 나타내는 것을 뜻한다.

출현해야 한다. '꽃'은 '향기'의 대명사로도 불리지만 "꽃이 좋다"는 "꽃이 이쁘다"로 대체할 수 있는 만큼 '향기'보다는 먼저 '색상'을 나타낸다고 할 수 있다. '약'은 병치료에 쓰는 그 본질적 속성으로부터 '효과'가 점화된다. (27)에서 보다시피 형용사가 의미의 강약에 구별이 없이 여러 영역에 두루 쓰일 때, 주체명사의 점화에 의해 의미가 결정된다. 주체명사의 본질적 특성이 아닌 다른 의미속성은 반드시 외현구조에 출현해야 한다.

총적으로 1항명사의 생략(缺省)과 의미활성화는 문장 속에서의 주체명사와 술어형용사, 동사 및 목적어 사이의 복잡한 연결관계에 의해 결정된다. 이런 의미연결(語味聯結)의 실질은 서로 관련되는 단어의미의 확산적 활성을 이용하여 진행되는 무표적 추리이다.

일부 형용사는 의미구조상 하나의 속성명사와 포용관계에 있는데 이때 속성명사는 출현할 수도 있고 출현하지 않을 수도 있다. 예하면 다음과 같다.

    (28) 가. 나뭇잎이 붉어졌다.
         → 나뭇잎이 색깔이 붉어졌다.
        나. 이 반찬은 너무 짜다.
         → 이 반찬은 맛이 너무 짜다.
        다. 그 옷은 비싸다.
         → 그 옷은 값이 비싸다.
        라. 이 아이는 둔하다.
         → 이 아이는 머리가 둔하다.

"붉다 : 색깔", "짜다 : 맛", "비싸다 : 값", "둔하다 : 머리"는 서로 포용관계를 이룬다. 때문에 (28)과 같이 형용사가 원형의미로 쓰였을 때 속성명사의 생략과 출현은 자유롭다.

6.1.3. 1항명사의 담화이해

6.1.3.1.

1항명사는 논항명사와 공기할 것을 요구하는데 이런 문법적 특성은 문장의 의미해석에 직접적인 영향을 준다. 예하면

(29) 그는 이를 뽑았다.
　　가. 그의 이가 뽑혔다.
　　나. 그가 다른 사람의 이를 뽑았다.

(29)는 (가, 나) 두 가지 의미로 해석할 수 있다. (가)의 경우 "경험자+대상+V"이고 (나)의 경우에는 "행위자+대상+V"이다. 공범주 PRO를 설정하여 볼 수 있다.

(30) 가. 그$_i$는 [PRO$_i$ 이]를 뽑았다.
　　나. 그$_i$는[PRO$_j$ 이]를 뽑았다.

(30가)는 (29가)로 해석되는 경우이고 (30나)는 (29나)로 해석되는 경우이다.

하지만 대부분의 경우 사람들은 문장 (29)를 (29가)로 해석하는 경향이 있다. '이'는 1항명사로 가장 가까운 데서 그 논항명사를 찾아 "부분-전체"의 인지모식에서 구체적 지시(所指)를 확정하려 한다. (29나)는

1항명사 '이'의 소유주를 나타내지 않았기에 문장은 의미적으로 불완정하다. 게스탈튜(Gestalt psychology)의 관점에 의하면 사람들은 늘 완정한 도식(well-formed schema)을 추구한다. 때문에 의미적으로 완정한 해석이 의미적으로 불완정한 해석보다 사람들에게 더 쉽게 접수된다.

6.1.3.2.

다음의 문장들을 보자.

> (31) 가. 잡지는 겉면이 찢어졌다.
> 　　　가′. $^?$잡지는 겉면이 있다(붙어 있다).
> 　　　나. 주전자는 덮개가 마사졌다.
> 　　　나′. $^?$주전자는 덮개가 생겼다.
> 　　　다. 토끼가 꼬리가 끊어졌다.
> 　　　다′. $^?$토끼가 꼬리가 붙어 있다.
> 　　　라. 영수가 손을 다쳤다.
> 　　　라′. $^?$영수는 손이 있다.

예문 (31)에서 (가, 나, 다, 라)는 술어가 상실, 파손 의미의 동사인데 이런 문장들은 의미가 완정하고 언어사용자들에게 쉽게 수용된다. 그런데 획득의 의미를 나타내는 (가′, 나′, 다′, 라′)는 문법구성은 (가, 나, 다, 라)와 같지만 일정한 언어환경이 없이 독자적으로 쓰이면 어딘가 자연스럽지 못하다.[11]

그 원인은 핵 명사와 종속명사의 관계에서 찾을 수 있을 듯하다. 핵

---

11) 이선웅(2004)의 술어를 빌려 상실, 파손 의미의 동사를 제거동사(verb of removal), 획득의 의미를 나타내는 동사를 창조동사(verb of creation)이라고 할 수 있겠다.

명사와 종속명사는 "부분-전체"의 관계로 '부분'은 '전체'의 구성부분이다. 인지적 특성에 의하여 '전체'는 원형 그대로 사람들에게 기억된다. 때문에 (31가, 나, 다, 라)에서는 원형에서 일부분이 소실되는 새로운 상황을 반영하기에 아주 자연스럽지만 (31가′, 나′, 다′, 라′)는 원형에 이미 존재하고 있는 필수 부분을 다시 첨가했기 때문에 오히려 이상한 문장이 된다.

6.1.3.3.

1항명사는 담화의 會話含義를 이해하는 데에도 직접적인 영향을 미친다. 會話含義 이해는 會話準則의 약정 외에 또 상식(world knowledge)이 필요하다는 것이 상식이다.

> (32) 가. I walked into a house.
> 나. I walked into my house.

> (33) 가. I broke a finger yesterday.
> 나. I broke my finger yesterday.

양의 원칙(quantitive maxim)에 따라 (32가)는 "이 집이 내 집이 아니다"라는 것을 함의한다. 만약 나에게 속하는 것이면 (32나)의 표달형식으로 설명해야 한다. 그러나 (33가)에서 우리는 이 손가락이 내 손가락이라는 것을 추리할 수 있다. 만약 (33나)처럼 표현하면 나에게는 손가락이 오직 하나뿐이라는 오해를 살 수 있다. 사람들은 사람에게는 손가락이 열 개 있다는 것을 상식적으로 알고 있기 때문에 복수 형식 my fingers는 나의 열손가락을 가리키고 단수형식인 my finger는 오직 하나뿐인 손가락을 가리키기 때문이다. 상식이란 것을 문장의미 해석에 곁들이면 많은 문제의 해석에 도움이 된다. 하지만 상식은 또한 모호성적인 일면이 있기 때문에 해석에 수의성이 따르기도 한다. 때문에 우리는 명사논항구조 이론과 결여추리 학설을 운용하여 언어구조 내부에서 해석을 해보고저 한다. 1항명사 finger는 소유주를 그 종속성분(인칭명사 혹은 인칭대명사)으로 지배한다. 그래서 John's fingers, my fingers 등 표현이 된다. finger와 같은 종류의 1항명사가 문장 속에서 목적어이고 그 종속성분(소유주)이 주어와 공지시 관계일 때, 1항명사의 소유주는 결여될 수 있다(33가). 만약 일부러 생략하지 않는다면 그것은 특별한 의미를 표현하기 위해서이다(33나). 총적으로, 명사논항구조 이론은, 언어이해에 참여하는 상식들 중 그 일부분에 대해 어느 정도 언어학적 통사·의미적 수단으로 형식화할 수 있게 하였다. 그 방법은 명사논항구조 연구를 통하여 사물 사이 각종 복잡다단한 관계의 상식들을 대표적 사물의 명사 사이의 통사·의미관계로 전환시키는 것이다.

1항명사는 유머의 형성과 이해에도 직접적인 영향을 준다.

> (34) A : 나는 내 아내를 정말 사랑해. 너는?
> B : 너와 같애. 나도 너의 아내를 많이 사랑해.

A가 듣고저 하는 대답은 "너와 같애. 나도 내 아내를 많이 사랑해"이다. 그런데 B는 엉뚱하게 "나도 같애. 나도 너의 아내를 많이 사랑해"라고 대답했다. 이 두 가지 대답의 거리가 멀수록 유머의 효과는 강하다. 그러나 유머의 내재적 기제는 이 두 가지 대답이 반드시 일정한 합리적인 연계가 있어야 함을 요구한다. 그래야만 유머의 재치와 교묘성을 체현할 수 있다. 그렇지 않으면 오히려 황당하고 속된 발화에 지나지 않

는다. 사실 (34)에서 B의 대답이 엉뚱하긴 하지만 그 합리성이 없지 않다. 이것을 설명하기 전 먼저 아래 대화를 보기로 하자.

(35) A : 나는 동물을 좋아해. 너는?
　　　 B : 너와 같애. 나도 동물을 좋아해.

"너와 같애"가 있으므로 (35)에서 B가 좋아하는 대상은 A와 같다. 또 반드시 같아야 한다. (35)와 달리 (34)에서 1항명사인 "아내"(목적어)의 논항 "나"가 주어 "나"와 공지시이다. 때문에 A는 B가 "너와 같애"라고 말한 후, 논항성분이 주어와 공지시하는 "나도 내 아내를 사랑해"라는 말이 나오기를 기대한다. 하지만 B는 일부러 1항명사 "아내"와 0항명사(예하면 동물 등) 사이의 차이를 무시하고 (34)의 회화형식으로 대답하여 기대와 현실 사이에 큰 심리적 차이를 형성하여 유머의 표달효과에 도달한다. 아래 유머도 같은 도리로 설명할 수 있다.

(36) A : 내 아내는 나를 이해해 주지 않아. 너의 아내는?
　　　 B : 몰라. 그녀는 종래로 널 얘기한 적이 없어서…

A가 묻고저 하는 것은 "너의 아내는 널 이해하냐?"이다. 그러나 B는 고의적으로 "너의 아내는 날 이해하냐?"로 이해하고 엉뚱하지만 또 합리성이 없지 않은 대답을 한다.

위 논의는 고차원의 담화현상도 때로는 저층에 있는 통사·의미적인 분석을 거쳐야만 충분히 해석할 수 있다는 것을 설명한다. 또한 1항명사가 언어구조 속에서 독특한 통사적·의미적 및 화용적 기능이 있음을 설명한다.

6.2. 2항명사에 대한 인지론적 해석

2항명사에 대한 인지론적 해석은 정감, 태도를 나타내는 명사들을 중심으로 논의한다.

"S_a : NP_a+NP_b에 대해+$N_{\langle X \rangle}$+V"에서 V는 "있다"류 동사 즉 $V_{[+있다]}$인데 "$N_{\langle X \rangle}$+$V_{[+있다]}$"는 의미적으로 심리감각동사(VF로 표시)와 거의 비슷한 뜻을 나타낸다.

> 인상이 있다≈기억하다
> 적의가 있다≈적시하다
> 경험이 있다≈익숙하다
> 책임이 있다≈책임지다
> 환상을 품다≈희망하다
> 고려(顧慮)가 있다≈두렵다 / 걱정하다
> 관심이 있다≈좋아하다
> 경계심이 있다≈경계하다 / 방비하다
> 느낌이 있다≈발각하다 / 느끼다
> 견해 / 고견을 갖고 있다≈정통하다
> 의견 / 견해 / 생각이 있다≈불만족하다
> 감정 / 애심이 있다≈사랑하다 / 열애하다
> 결론 / 쟁론 / 답안을 얻다≈해결하다 / 인식하다
> 호감 / 흥취 / 열정이 있다≈좋아하다 / 선호하다

S_1은 위의 심리감각동사를 사용함으로 '$S_a{'}$: NP_a+NP_b에 대해+VF' 또는 'NP_a+NP_b+VF'로 변환할 수 있다.

(37) 가. 사람들은 사장에 대해 의견이 있다.

　　≈사람들은 사장에 대해 불만족한다.
　나. 그는 이런 요법에 대해 경험이 있다.
　　≈그는 이 요법에 대해 익숙하다.
　다. 경찰은 흑인에 대해 편견이 있다.
　　≈경찰은 흑인을 기시한다.
　라. 애들은 만화영화에 대해 흥취가 있다.
　　≈애들은 만화영화를 좋아한다.
　마. 나는 이 사람에 대해 인상이 있다.
　　≈나는 이 사람을 기억한다.
　바. 생물학자들은 유전문제에 대해 이미 결론을 얻었다.
　　≈생물학자들은 이미 유전문제에 대해 인식하였다.
　사. 이사회에서는 이 문제에 대해 해결책을 찾았다.
　　≈이사회에서는 이 문제를 해결하였다.

　　왼쪽 문장의 "$N_{\langle X \rangle} + V_{[+있다]}$"와 오른쪽 문장의 VF는 모두 심리상태를 표현하기에 전자를 후자의 일종 분석형태로 볼 수 있다. 인지론적으로 보았을 때 분석형식인 '$N_{\langle X \rangle} + V_{[+있다]}$'는 'VF'보다 그 심리상태가 보다 구체적으로 표현되고 있으나 의미심도는 VF만큼 깊지 못하다. 예하면 '흥취가 있다'와 '좋아하다', '의견이 있다'와 '불만족하다'에서 전자는 후자에 비교해 보다 구체적이고 완화적인 표현이다. 따라서 인지적면에서 VF가 보다 분명하고 확실한 표현방식이라고 할 수 있다. 하지만 부정적인 표현일 경우, 예하면 '편견이 있다'와 '기시하다' 같은 경우에는 화용적 각도에서 고려하면 VF보다 '$N_{\langle X \rangle} + V_{[+있다]}$'를 사용하는 것이 훨씬 더 좋은 효과를 낼 수 있다.

　　S_a에서 $N_{\langle X \rangle}$와 $V_{[+있다]}$는 주술구조를 이루어 VF에 상응한 의미를 나타낸다. $V_{[+있다]}$는 2항명사 $N_{\langle X \rangle}$와 주술구를 이루어 하강술어 NP_a와 하강목적어 NP_b를 $N_{\langle X \rangle}$의 종속적인 지위로부터 문장의 주어와 간접목적

어로 승격시켜주는 작용을 한다. 즉 의미적으로 $V_{[+있다]}$와 $N_{\langle X \rangle}$는 결합하여 심리상태를 표현하는 하나의 의미적 결합체가 된 것이다. 그래서 승격한 NP_a와 NP_b는 각각 '$N_{\langle X \rangle}+V_{[+있다]}$'이 주술구의 행위주역과 대상역으로 된다.

위에서 설명한 NP_a와 NP_b의 승격기제(提升機制, mechanism)를 더 잘 설명하기 위해 아래에 좀 더 직관적인 화학식을 예로 들어보겠다.

화학에서 물질이 산소와 반응하는 것을 산화반응이라고 하고 산소화합물에서 산소가 화학반응과정에서 다른 물질에 빼앗기는 것을 환원반응이라고 한다. 산화반응과 환원반응은 동시에 일어나기에 한 가지 물질은 산화, 다른 물질은 환원되는 반응을 산화-환원반응이라고 한다.

예하면 코크스(주성분은 탄소원소 C)와 자석(주성분은 Fe_3O_4)으로 제철할 때 아래와 같은 화학방정식으로 표시할 수 있다.

$$Fe_3O_4+4C \ \underline{\text{고온}} \ 3Fe+4CO\uparrow \ [12]$$

코크스는 환원제로 산화물 Fe_3O_4를 철(Fe)로 환원시킴과 동시에 코크스는 Fe_3O_4의 산소(O)와 산화반응하여 일산화탄소(CO)로 된다.

위에서 토론한 문장으로 다시 돌아가면 서술식 문장 "$S_a : NP_a+NP_b$에 대해$+N_{\langle X \rangle}+V_{[+있다]}$"가 지칭형식문장 "($NP_a$의 NP_b에 대한)$N_{\langle X \rangle}$"에 동사 $V_{[+있다]}$를 더해서 이루어진 것이라고 가정하면 아래와 같이 표시할 수 있다.

(NP_a의 NP_b에 대한) $N_{\langle X \rangle}+V_{[+있다]} - NP_a+NP_b$에 대한$+[N_{\langle X \rangle}+V_{[+있다]}]$

---

12) 袁毓林(1998), 汉语动词的配价研究, 江西教育出版社.

여기로부터 $V_{[+있다]}$는 환원제 작용을 해서 지칭형식 문장에서 $N_{\langle X \rangle}$에 점착되어 있던 NP_a와 NP_b를 환원하여 문장의 주어, 목적어로 승격시키는 관건적 작용을 한다는 것을 알 수 있다. 동시에 $V_{[+있다]}$와 $N_{\langle X \rangle}$는 산화반응을 일으키는 것처럼 하나의 의미결합체로 화합되어 VF에 상당한 의미를 나타내게 된다. 따라 NP_a와 NP_b는 행위주역과 대상역이라는 새로운 의미단위로 된다.

1항명사는 창조동사와 제거동사와의 결합에서 제거동사와의 결합은 자연스러웠지만 창조동사와의 결합은 부자연스러운 경우가 있었다. 2항명사 역시 이 두 종류의 동사와의 결합이 다 자연스러운 것이 아니다.

2항명사는 대부분이 사물 사이의 관계를 나타내는 추상명사들이다. 때문에 2항명사의 원형은 구체적인 실체물이 아니라 사물들 사이의 추상적인 관계이다.

'감정'을 예로 보면 '감정'은 '어떤 대상이나 상태에 따라 일어나는 마음의 현상'으로 원래부터 있었던 것이 아니다.

> (38) 가. 영수는 지선이에 대한 감정을 키워간다.
>   가′. 영수는 지선이에 대한 감정을 죽이고 있다.

'키워가다'는 창조동사, '죽이다'는 제거동사라고 할 때 (38가)는 사람들에게 더 빨리 쉽게 인지된다. 하지만 (38가′)는 (38가)보다 약간 복잡한 과정을 거쳐 인지된다. '영수'와 '지선'이는 원래부터 '감정'이 있었던 것이 아니기에 창조동사는 '감정이 없던' 원형으로부터 '감정이 있게 되는' 새로운 상황을 나타내기에 쉽게 인지될 수 있다. 그러나 (38가′)는 감정이 없던 데로부터 감정이 생겼다가 다시 없어지는 과정을 나타내기에 (가)보다 복잡한 인지과정을 겪는다.

> (39) 가. 영수는 일에 대한 스트레스가 많이 쌓였다.
> 　　 가′. 영수는 일에 대한 스트레스가 많이 해소되었다.
> 　　 나. 다혜는 친구에 대해 편견이 생겼다.
> 　　 나′. 다혜는 친구에 대한 편견을 버렸다.
> 　　 다. 중앙정부는 농민들에 대한 새로운 정책을 세웠다.
> 　　 다′. 중앙정부는 농민들에 대한 우대 정책을 폐지하였다.

(39가, 나, 다)의 인지과정이 어떤 관계가 無로부터 有(無→有)라면 (39가′, 나′, 다′)의 無로부터 有, 有에서 다시 無(無→有→無)로의 인지과정을 겪는다.

2항명사에는 위 예문들처럼 제거동사와 결합했을 때 인지과정이 좀 복잡하기만 자연스러운 문장을 이루는 것도 있지만 아래 예문처럼 제거동사와의 결합이 부자연스러운 것도 있다.

> (40) 가. 다혜도 건강 상식을 늘려가고 있다.
> 　　 가′. [?]*다혜는 건강 상식이 줄어들고 있다.
> 　　 나. 사람들이 이번 사건에 대해 여론을 조성하고 있다.
> 　　 나′. *사람들이 이번 사건에 대한 여론을 제거하고 있다.
> 　　 다. 지도부는 이번 사고에 대해 재빨리 대책을 세웠다.
> 　　 다′. *지도부는 이번 사고에 대해 대책을 상실했다.

‘상식’은 ‘사람이 가지고 있는 일반적인 지식이나 판단력’으로 특별한 상황이 아니면 원래 가졌던 상식이 줄어들 수 없다. ‘여론’은 ‘사람들의 공통된 의견’으로 이미 생긴 여론은 시간이 지남에 따라 차츰 조용해질 수는 있지만 인력으로 제거할 수는 없다 즉 위의 예문에서 ‘상식’, ‘여론', '대책' 등은 특정된 담화상황이 주어지지 않을 경우 제거동사와의 결합은 부자연스럽다.

'스트레스'류의 2항명사는 제거동사와 결합이 자연스럽지만 '상식'류 명사들이 제거동사와의 결합에서 부자연스러운 원인은 명사 자체에 있는 것 같다. '스트레스'는 없던 데로부터 어떤 외부압력이나 내부모순에 의해 생겼다가 사람들의 노력으로 여러 압력, 모순들이 해결되면 해소된다. 이런 과정은 일상생활에서 부단히 반복되는 것으로 사람들에게 아주 자연스러운 과정으로 인식되어 왔다. 그러나 '상식'이나 '지식' 등은 원래 없던 데로부터 사람들의 노력을 통하여 늘어가게 되며 또 점점 쌓여서 많아져야 한다는 것이 사람들의 상식이다. 그런데 그것이 없어진다는 것은 점점 발전해야 한다는 사람들의 인식과는 반대인 것으로 머리를 다쳤거나 아니면 큰 타격을 받았다는 등등의 특정의 환경이 주어지지 않으면 이상한 문장으로 된다.

제 7 장

결론

　의미역 목록의 방법을 통한 어휘표시, 즉 논항구조는 서술어에 대한 논항이 가지는 의미관계(sematic relation)를 소수의 보편적 집합(set)으로 구성하는 것인데, 이러한 개념은 최근의 이론에 나타난, 전적으로 새로운 것은 아니다. 이런 유형의 관계는 고대 인도의 산스크리트(Sanskrit)어에 대한 파니니(Pānini)문법에서 발견된다. kāraka란 동사와 명사 사이의 의미관계를 말하는데, 동사는 문장의 핵이고 각 명사는 6개의 kāraka 중 하나를 부여받는다고 한다(Blake, 1994).

kartr	(agent)
karman	(object)
karana	(instrument)
sampradāna	(destination)
apādāna	(source)
adhikarana	(locus)

이러한 이론은 Fillmore(1968)에 이르러 더욱 정교한 모습을 갖추게 된다. Fillmore의 격문법(Case Grammar)은 원소적 의미역의 보편집합이 존재한다는 개념을 전면에 내놓은 논의라고 할 수 있다. Fillmore (1968)는 전통적인 격과 같은 명칭을 이용하여 의미관계의 보편적인 집합을 설정하였다 : 행위주격(Agentive), 도구격(Instrumental), 여격(Dative), 작위격(Factitive), 처소격(Locative), 대상역(Objective). Fillmore(1968)는 이러한 통사-의미관계를 격(case)이라고 불렀다.

이후 이론에 따라 차이는 있지만 Perlmutter and Postal의 관계문법(Relational Grammar)이나 Bresnan의 어휘기능문법(Lexical Functional Grammar), 원리와 매개변인 이론(Principle and Parameter Theory)의 의미역 이론(θ-Theory) 등에서 의미역(semantic role)과 문법관계(grammatical relation)에 대해 논의하고 있다(시정곤 외, 2002 : 50).

Chomsky(1970, 1981, 1986)와 대부분의 생성문법가들이 인정하는 명사의 보충어는 거의 도출명사(derived nominal)에 한정되었다. 도출명사에 대응하는 우리말은 이른바 '서술성 명사'이다. 이것이 도출명사 이외의 것으로까지 확대될 수 있음을 설득력 있게 보인 것은 Radford(1988)에서라고 할 수 있다. 그는 "a student of linguistics"와 같은 예를 들면서, 학생(student)은 그가 전공으로 하는 것이 보충어로 와야 함을 주장하고 있는데, 그는 도출명사(서술성 명사)가 아니라 이런 명사야말로 진정으로 보충어를 요구한다는 느낌을 강하게 줄 정도로 위와 같은 예만을 논의의 대상으로 삼고 있다. Chomsky 등은 통어론적인 속성으로 요구되는 보충어에 주된 관심이 있었고, Radford는 의미론적 속성으로 요구되는 보충어에 더 많은 관심을 보인 것이 아닌가 하는 생각이 들긴 하지만 어쨌든 명사의 보충어는 그 의미론적인 속성이 통어론적인 것이든, 말 그대로 의미론적인 것이든 함께 취급되어야 할 것이 분명하다(김병일, 2000 : 33).

명사의 논항 연구는 컴퓨터의 자연언어 이해를 연구하는 데 중대한 의의가 있다. 사람의 지능행위는 언어이해를 포함해서 여러 가지 상식에 의거하는데 이런 상식은 보통 형식화하기가 아주 어렵다. 그런데 컴퓨터는 형식화한 문제만 처리할 수 있기에 상식은 컴퓨터의 언어이해 및 인공지능의 최종장애로 될 것이다. 그래서 우리는 새로운 해결책으로 부분적인 상식을 통사, 의미적 지식으로 전화하는 방법을 구안하여야 한다. 그중 중요한 방법의 하나가 바로 바명사의 논항구조를 통하여 사물 사이의 각종 복잡한 관계의 상식들을 그 사물을 나타내는 명사 사이의 통사, 의미적 관계로 전화하여 언어학적 수단으로 형식화 하는 것이다.

때문에 명사의 논항구조 연구는 언어학뿐만 아니라 컴퓨터 과학에도 일정한 이론적 가치와 운용잠재력이 있다고 하겠다.

이 책에서는 비서술성 명사가 논항을 취한다는 사실을 다시 한 번 확인하고 비서술성 명사의 논항구조의 모습을 파악하고 논항구조 속의 논항들이 명사구내부에서 어떻게 실현되는지를 살펴보았다. 아래에 본고에서 논의한 내용 중 핵심을 요약하는 것으로 결론을 대신한다.

2장에서는 먼저 '비서술성 명사'라는 술어(述語)사용의 분기점에 대해 논의하고 본고에서는 '비서술성 명사'로 규정하였다. 서술성 명사와 비서술성 명사를 분류함에 있어서는 기본적으로 강범모(2001)에서 제시한 아래와 같은 다섯 가지 기준에 따라 분류하였다.

> 가. '-케, -토록'결합가능
> 나. '하다'기능 동사 결합
> 다. 명사문 가능

라. '중' 구문
마. '언제나 ~이다'

'나무, 머리' 등과 같은 명사는 위의 기준에는 대부분 적합하지만 직관적으로 아주 분명한 구상명사일 경우에는 비서술성 명사에 포함시켰다. '춤'과 '잠', '웃음' 같은 '-음'계열 명사는 '추다', '자다', '웃다'에서 생성된 것이기는 하지만 그 자체가 활동성이 있는 사건으로 보이는 것이 아니라 오히려 그러한 활동, 또는 동작들을 추상화하여 하나의 실체개념으로 사용한 것으로 보아 추상적인 존재물로 즉 실체물로 분류하였다.

이런 기준 하에 국립국어연구원에서 발간한 '현대 국어 사용 빈도 조사(2002)'에 수록된 명사 중에서 빈도순으로 추출한 1,000항목을 서술성 명사와 비서술성 명사로 분류하였다.

3장에서는 논항, 보충어, 부가어에 대한 개념을 확인하고 비서술성 명사를 논항수에 따라 분류하였으며 비서술성 명사의 의미역을 구축하였다.

1) 논항은 일차적으로 핵어의 의미적 구현에 개념적으로 꼭 필요한 의미적 요소이고, 2차적으로 핵어의 통사적 구현에 꼭 필요한 통사적 요소이다.

보충어는 논항구조상으로 보면 의미역 부여자인 핵어로부터 의미역을 부여받는 내부논항을 가리킨다.

부가어 : 논항이 핵어의 본질과 속성을 드러내주는 성분으로 생략되면 해석에 어려움이 많지만 부가어는 수의적인 성분으로 그 요소가 생략되어도 문장의 의미해석에 아무 어려움이 없는 성분이다.

장소, 시간을 나타내는 의미역은 핵어의 어휘특성과는 관계없이 발화자의 발화의도에 따라 문장구조에 부가되는 것이기 때문에 문장에서 반드시 실현될 필요가 없는 부가어이다.

"그는 까다로운 성격이다"에서 '까다로운'과 같은 관형절은 '성격'과 같은 핵 명사의 논항이 아니라는 것도 확인하였다.

2) 비서술성 명사를 논항 수에 따라 1항명사와 2항명사로 나누고 1항명사를 친족명사, 부분명사, 속성명사, 위치명사로, 2항명사를 정감·태도를 나타내는 명사, 견해·논점을 나타내는 명사, 작용·효과를 나타내는 명사, 방침·정책을 나타내는 명사로 분류하였다.

3) 선행 연구에 기초하여 비서술성 명사 논항의 의미역을 아래와 같이 구축했다.

> 가. 소유주
> 가′. 'X-의 손'(영수의 손), 'X-의 성격'에서의 X의 의미역
> 나. 주체
> 나′. 'X-의 Y-에 대한 감정', 'X-가 Y-에게 쓴 편지'에서의 X의 의미역
> 다. 대상
> 다′. 'X-의 Y-에 대한 감정', 'X-가 Y-에게 쓴 편지'에서의 Y의 의미역
> 라. 내용
> 라′. 'X-의 소문'(전쟁의 소문)에서의 X의 의미역

4장에서는 비서술성 명사의 논항표지를 논의하였다. 핵 명사의 의미역을 실현하기 위하여 명사의 논항이 이용하는 표지는 동사와 비교해 볼 때 아주 빈약하다. 비서술성 명사의 논항표지는 더더욱 적어 속격표지 '-의'와 우언적 형식 '-에 대한' 정도로 한정되어 있다.

5장에서는 비서술성 명사의 논항의 통사실현 양상을 살펴보았다. 비서술성 명사의 논항은 아주 다양하게 실현될 수 있는데 그중 일부 실현

양상을 살펴보고 그 기저구조 및 통사적 변형상황도 살펴보았다.

7.1. 1항명사의 통사적 실현양상

① "주체명사+1항명사+형용사"의 주격 중출문은 S : NP_b가/이+NP_a가/이+A로 표시할 수 있다. 이때 NP_a가 부분명사나 속성명사일 때 그 기저구조는 S : NP_b의+NP_a가/이+A이다. 어순 또한 비교적 자유롭다. NP_a가 친족명사일 경우 기저구는 S : NP_b가/이+(NP_b의 NP_a가/이)+A이며 NP_b와 NP_a는 다 주격 '-가/이'와 결합할 때 뒤섞기를 할 수 없다. 또한 NP_a가 주제 보조사 '-은/는'과 결합할 때도 뒤섞기를 할 수 없다.

격이 실현되지 않았을 때, 유정성과 어순이 상충되면 어순보다 유정성의 정도가 의미역할을 좌우하게 된다. 그런데 친족명사는 NP_b와 NP_a가 다 인간을 나타내는 명사로서 유정성의 정도가 같기 때문에 의미역할은 어순에 의해 결정된다. 때문에 친족명사는 다른 명사들보다 어순에서 제한을 많이 받는다.

② "주체명사+1항명사+자동사"의 주격 중출문은 S : NP_b가/이+NP_a가/이+V자로 표시할 수 있다. S : NP_b가/이+NP_a가/이+V자에서 NP_a가 속성명사, 부분명사일 경우 NP_a와 NP_b의 어순은 비교적 자유롭다. 하지만 NP_a가 친족명사일 경우에는 NP_b가 보조사 '은/는'과 결합할 때만 뒤섞기가 가능하다.

③ 1항명사는 타동사의 목적어로 실현되며 타동사와 목적격 중출문을 이루기도 한다. 1항명사의 목적격 중출문을 기호로 표시하면

S : NP가/이+NP_b을/를+NP_a을/를+V타로 개괄할 수 있고 그 기저구조는 S : NP가/이+NP_b의+NP_a을/를+V타이다. S : NP가/이+NP_b을/를+NP_a을/를+V타에서 NP_a는 본유적 목적어이고 NP_b는 확대된 목적어이다. 본유적 목적어와 확대된 목적어는 어순을 바꿀 수 없다. 확대된 목적어와 본유적 목적어를 같이 문두 주제화의 위치로 이동할 수 있지만 목적어가 목적어를 넘을 수 없기 때문에 본유적 목적어만 문두로 이동할 수 없다. NP_a가 부분명사, 속성명사일 때는 NP_b를 문두 주제화의 위치로 이동할 수 있지만 친족명사일 경우에는 그런 이동이 허용되지 않는다.

7.2. 2항명사의 통사적 실현양상

하강서술구조를 포함하는 2항명사의 통사적 실현양상은 주로 세 문장형식의 변환관계로 살펴보았다.

S_{a1} $\qquad\qquad$ S_{a2} $\qquad\qquad$ S_{a3}

NP_a+NP_b에 대해+$N_{(X)}$+V → NP_b에 대해+NP_a+$N_{(X)}$+V → NP_b에NP_a+$N_{(X)}$+V

S_{b1} $\qquad\qquad$ S_{b2} $\qquad\qquad$ S_{b3}

NP_a+NP_b에대해+$N_{(X)}$+VP → NP_b에 대해+NP_a+$N_{(X)}$+VP → NP_b에+NP_a+$N_{(X)}$+VP

S_{c1} $\qquad\qquad$ S_{c2} $\qquad\qquad$ S_{c3}

(NP$_a$의 NP$_b$에 대한 NN$_{(X)}$+VP → (NP$_b$에 대한 NP$_a$의)NN$_{(X)}$+VP → (NP$_b$에 NP$_a$의)N$_{(X)}$+VP

논항구조에 대한 동태적인 연구를 결합하려는 의지에서 6장에서는 명사의 논항구조에 대한 인지론적 해석을 하였다.

"NP$_1$+의+NP$_2$"구조에서 NP$_1$가 1항명사일 때, NP$_2$는 의존명사 '것'으로 대체할 수 없다. "NP$_1$+의+NP$_2$"에서 NP$_2$는 통사구조에서 중심어일 뿐만 아니라 의미적으로 지배성분이기 때문이다.

1항명사는 통사구조에서는 출현하지 않지만 의식 속에는 존재하는, 즉 언어행위에서 '생략'되었지만 그 의미가 활성되는 현상이 많이 있다. "(코로) 냄새를 맡았다"에서와 같이 1항명사의 의미를 동사가 포용할 경우, "약이 (맛이) 쓰다"에서와 같이 1항명사와 형용사와 결합할 경우 등이다.

그런데 형용사는 의미선택항이 여러 개 있을 수 있다. 이때 형용사의 의미선택항에 심리적 속성과 물리적 속성이 있을 경우 일반적으로 심리적 속성이 그 의미가 더 강하고, 전체적 속성과 부분적 속성에서는 전체적 속성이 더 강하다. 심리적 속성에서 '성격'과 '태도'의 의미선택항이 있을 때는 '성격'의 의미가 더 강하다.

> 심리적 속성 > 물리적 속성, 전체적 속성 > 부분적 속성
> 성격 > 태도

2항명사에 대한 인지론적 해석에서는 정감·태도를 나타내는 명사들을 중심으로 논의하였다.

"S$_a$: NP$_a$+NP$_b$에 대해+N$_{\langle X \rangle}$+V"에서 V는 "있다"류 동사 즉 V$_{[+있다]}$인데 "N$_{\langle X \rangle}$+V$_{[+있다]}$"는 의미적으로 심리감각동사(VF로 표시)와 거의 비슷한 뜻을 나타낸다. 인지론적으로 보았을 때, 분석형식인 "N$_{\langle X \rangle}$+V$_{[+있다]}$"는 VF보다 그 심리상태가 보다 구체적으로 표현되나 의미심도는 VF

만큼 깊지 못하다. 따라서 인지적면서에 VF가 보다 분명하고 확실한 표현방식이라고 할 수 있다. 하지만 부정적인 표현일 경우에는 화용적 각도에서 고려하면 VF보다 "N$_{(X)}$＋V$_{[+있다]}$"를 사용하는 것이 훨씬 더 좋은 효과를 나타낼 수 있다.

2항명사와 창조동사, 제거동사와의 결합이 인지과정에 영향을 미친다는 데 대해서도 간단히 제시하였다.

7.3. 남은 문제

본 연구에서 미처 다루지 못한 것 혹은 미비한 점으로 볼 수 있는 것을 언급함으로써 앞으로의 연구에 도움이 되길 바란다.

1. 서술성 명사와 비서술성 명사를 분류하는 기준이 아직 모호한 점들이 많다. 때문에 서술성 명사와 비서술성 명사를 분류하는데 어려움이 있다. 이 책에서는 선행 연구에서 세운 기준을 채택하고 거기에 필자의 직관이 관여하였는데 그 기준이 완벽한 것은 아니기 때문에 서로 다른 의견이 있을 수 있다. 서술성 명사와 비서술성 명사를 분류하는 기준에 대한 연구를 더 깊게 할 필요가 있다.

2. 이 책에서 비서술성 명사를 논항 수에 따라 1항명사와 2항명사로 분류하였다. 그런데 한국어 비서술성 명사가 1, 2항에 다 포함되는 것이 아니다. 거기에는 논항을 가지지 않는 0항명사(우주, 세계)도 있고 또 논항을 세 개 가지는 3항명사(보문명사 : 사실, 소문 등)도 있다. 이 책에서는 1항명사와 2항명사에 대해서만 논의하고 3항명사에 대해선 앞으

로의 과제로 남겼다. 어떤 명사들이 3항명사에 포함되는지, 3항명사가 실현되는 논항표지에는 어떤 것들이 있고, 또 3항명사의 논항들은 통사적으로 어떻게 실현되는지, 그 기저구조와 표면구조는 어떤 차이를 가지는가 하는 데에 대해서는 앞으로 더 연구하여야 할 것이다.

3. 비서술성 명사의 논항 수를 정함에 있어서 기본적으로 핵 명사의 본유적 어휘의미구조에 따라 나누는 것을 원칙으로 하였지만 실제 분석에 있어서 많은 단어가 이의가 제기될 수 있음을 느꼈다. 이 책의 분석에는 필자의 직관이 많이 관여했음을 인정한다. 또한 비서술성 명사의 논항을 판별하는 기준에 대한 정밀한 연구도 아직 남은 과제이다.

4. 비서술성 명사의 논아구조와 담화이해의 관계에 대해 이 책에서는 그냥 스치고 지났을 뿐이다. 이 부분에 대한 깊은 연구는 항가문법과 화용론의 관계를 연구하는 데도 기여가 클 것으로 예상된다.

참고문헌

강범모(1983), 「한국어 보문명사 구문의 의미특성」, 『어학연구』 Vol. 19 No. 1.

강범모(2000), 「서술명사의 기준과 의미 구조」, 『한국언어정보학회 여름학술대회 발표논문집』.

강연임(1997), 「'의'와 '에'의 의미기능에 대하여」, 『한국언어문학』 제39호.

고광주(2003), 「문법관계와 동사분류」, 『國語學의 새로운 照明』(李光政, 2003), 도서출판 역락.

고신숙(1987), 『조선어리론문법(품사론)』, 과학·백과사전출판사.

김건희(2005), 「한국어 형용사의 논항구조 연구」, 서울대학교 박사학위논문.

김광희(2000), 「비실체성 명사의 술어화와 논항구조」, 『언어학』 Vol. 8 No. 3, 대한언어학회.

김기혁(1990), 「관형 구성의 통어 현상과 의미 관계」, 『한글』 제209호.

김기혁(1996), 『국어 문법 연구』, 박이정 도서출판.

김남탁(1994), 「국어 정도 표시 명사에 대하여」, 『문학과 언어』 Vol. 15 No. 1.

김동석·김용하(2001), 「존재 / 소유 구문의 논항구조」, 『우리말 글』 제22집.

김병일(2000), 「국어 명사구의 내적 구조 연구」, 부산대학교 박사학위논문.

김영배·신현숙(1994), 「현대 한국어 문법」, 한신문화사.

김영황(1997), 『조선어사』, 도서출판 역락.

김영희(2000), 「보족절의 투명성과 불투명성」, 『한글』 제250호.

김영희(2004), 「논항의 판별기준」, 『한글』 제266호.

김영희(2005), 『한국어 통사현상의 의의』, 도서출판 역락.

김용구(1986), 『조선어리론문법(문장론)』, 과학·백과사전출판사.

김은영(1998), 「국어 어휘의 계층적 의미관계에 대한 고찰」, 『한국언어문학』 제40호.

김인균(2005), 『국어의 명사문법 I』, 도서출판 역락.

김재문(1992), 「국어조사와 명사류의 통합양상 : 초점화를 중심으로」, 『진주산업대학교논문집』 29.

김재훈(2001), 「한국어 고유명사 추출」, 『연구논문집』, 제18집.

김정남(2005), 『국어 형용사의 연구』, 도서출판 역락.

김지홍(1995), 「명사구의 확장과 그 논항 구조에 대하여」, 『배달말』 20, 배달말학회.
김지홍(1997), 「명사구를 필요로 하는 기능범주에 대하여」, 『배달말』 22, 배달말학회.
김지홍(2000), 「동사구와 명사구 기능범주들의 관련성에 대하여」, 『백록어문』 제16호.
김진우(1995), 『언어와 의사소통』, 한신문화사.
김진호(2000), 『국어 특수조사의 통사·의미 연구』, 도서출판 역락.
김태엽(1990), 「의존명사 {것}의 문법화와 문법변화」, 『대구어문총론』 Vol. 8.
김학수(1995), 「명사의 격과 화제와의 관계」, 『논문집』 Vol. 28 No. 1.
김한샘(2001), 『한국어 명사의 어휘의미론적 연구』, 원우론집.
김흥수(1993), 『현대국어 심리동사 구문 연구』, 국어학회.
남기심(2001), 『현대국어 통사론』, 태학사.
남승호(2002), 「처소논항교체의 의미론」, 『어학연구』, Vol. 38 No. 1.
都炯秀(1999), 「명사적 표현의 구조분석」, 『啓明研究論叢』 17.
류구상 외(2001), 『한국어의 목적어』, 월인.
문유진·김경희(1994), 「자연언어처리에서 명사개념의 자동인식에 관한 연구」, 『호
　　　　남대학교 학술논문집』 제15집.
민재기(1998), 「한국어 관계절에 관한 연구」, 『인문과 논총』 제23호.
박민규(2002), 「다의어의 의미 분할과 의미 분류」, 『한글』 257.
박병선(2005), 『한국어 계량적 연구 방법론』, 도서출판 역락.
박승윤(1990), 『기능문법론』, 한신문화사.
박영순(2004), 『한국어의미론』, 고려대학교 출판부.
박용욱(2001), 「의미정보를 이용한 복합명사의 결합제약」, 『연구논문집』 Vol. 27.
박한기(2001), 「주격 교체 구문의 의미」, 『한글』 251.
박한기(2002), 「'경험자'의미역의 통사적 구현」, 『한글』 258.
박호관(1998), 「현대 국어 명사구의 유형과 특성」, 『우리 말글』 16.
박호관(2001), 「국어 명사의 유형과 통사구조」, 『우리 말글』 23.
박호관(2001ㄱ), 「국어 명사구의 통사구조와 의미」, 『언어과학 연구』 19.
박호관(2001ㄴ), 「국어 속격 명사구와 {-의}의 의미」, 『우리 말글』 21.
서승현(2002), 『국어의 형태·통사적 구성에 관한 연구』, 보고사.
서정목(1998), 『문법의 모형과 핵 계층 이론』, 태학사.
성광수(1999), 『한국어 문장 표현의 양상』, 월인.
시정곤(1994), 『국어 통사 구조 연구 I』, 서강대학교 출판부.
시정곤 외(2000), 『논항구조란 무엇인가』, 월인.
시정곤(1998), 『국어의 단어형성 원리』, 한국문화사.
신선경(1996), 「'있다'의 소유구문에 대한 소고」, 『울산어문논집』 11집.

양동휘·김용석·이홍배·임영재 공저(1991), 『지배-결속이론의 기초』, 한신문화사.
양인석(1996), 「부정어 좌향이동」, 『언어와 언어학』, 제22집.
우형식(1987), 「국어의 관형절과 핵심명사」, 『원우론집』 Vol. 15 No. 1.
우형식(1996), 『국어 타동구문 연구』, 도서출판 박이정.
원병관·권병철(2000), 「명사의 특정성, 그 인지적 조건과 문법적 형식」, 『강원도립
　　　대학 논문집』 제3집.
원유상(1988), 「명사의 지위에 관한 연구」, 『논문집』, Vol. 22 No. 1.
유승섭(1997), 「국어의 결속과 공범주의 통제양상」, 『한국언어문학』 제39호.
유승섭(2002), 「국어 내포구문의 논항 구조」, 『한글』 256.
유승섭(2004), 「국어 겹목적어 구문의 격 점검현상」, 『한글』 263.
유은종(1996), 『조선어의미론연구』, 료녕인민출판사.
유은종(1999), 『현대조선어어휘론』, 연변대학출판사.
윤평선(1995), 「국어 명사의 의미관계에 대한 연구」, 『한국언어문학』 제35호.
이건식(1989), 「복합명사와 명사구의 의미 해석」, 『國文學論集－檀國大學校 國語國
　　　文學科』 제13집.
이광정(2003), 『국어학의 새로운 조명』, 도서출판 역락.
이근영(1985), 『조선어리론문법(형태론)』, 과학·백과사전출판사.
이기동(2000), 「동사 '가다'의 의미」, 『한글』 247.
이기종(2001), 『우리말의 인지론적 분석』, 도서출판 역락.
이병규(1998), 「잠재논항의 개념 정립」, 남기심 엮음, 『국어 문법의 탐구 Ⅳ』.
이병규(2001), 「국어의 술어명사문 연구」, 연세대 박사학위논문.
이선웅(2004), 「국어 명사의 논항 구조 연구」, 서울대학교 박사학위논문.
이수련(2002), 「소유도식으로 본 〈오다〉, 〈가다〉」, 『한글』 258.
이승명(2003), 「국어 'N+없다'의 구조」, 『한글』 259.
이영민 옮김(2000), 『문법역과 문법관계』, 도서출판 역락.
이운영(2004), 「한국어 명사의 다의적 해석」, 서울대학교 박사학위논문.
이익환·이민행(2005), 『심리동사의 의미론』, 도서출판 역락.
이정민(1987), 『언어학사전』, 박영사.
이정식 옮김(2003), 『다의어 발생론』, 도서출판 역락.
이정애(1998), 「문법화의 이론적 배경과 연구의 흐름」, 『한국언어문학』 40.
이향천(1981), 「명사의 의미와 지시」, 서울대학교 대학원 석사학위논문.
이혜경(1998), 「중주어 구문의 논항구조에 대한 연구」, 『언어과학』 Vol. 5 No. 2, 동
　　　남언어학회.
이홍배 역(2002), 『촘스끼의 확대표준 통사론』, 한신문화사.

임홍빈(1998), 『국어문법의 심층(2) ‒ 명사구와 조사구의 문법』, 태학사.
임홍빈・이홍식 외(2003), 『한국어 구문 분석 방법론』, 한국문화사.
정희정(2002), 『한국어 명사 연구』, 한국문화사.
채희락(1996), 「한국어의 명사류와 빈범주 '소단위들'」, 『언어와 언어학』 Vol. 22.
최경봉(1995), 「국어 명사 관형 구성의 의미 결합 관계에 대한 고찰」, 『국어학』 26,
　　　　　국어학회.
최경봉(1996), 「명사의 의미 분류에 대하여」, 『한국어학』 4.
최경봉(1998), 『국어 명사의 의미 연구』, 태학사.
폴 하퍼・엘리자베스 트루곳 지음, 기은일・박기성・채영희 옮김(1999), 『문법화』,
　　　　　한신문화사.
필옥덕(2004), 『현대 한국어 동사의미 결합관계 연구』, 도서출판 역락.
한영균(1997), 「'명사＋동사' 합성구의 형태론적 특성」, 『울산어문집』, Vol. 13.
한정한(2003), 「격조사는 핵이 아니다」, 『한글』 260.
홍재성(2001가), 「한국어의 명사 I」, 『새국어생활』 11권 3호, 국립국어연구원.
홍재성(2001나), 「한국어의 명사 II」, 『새국어생활』 11권 4호, 국립국어연구원.

陈　平(1994), 试论汉语中三种句子成分与语义成分的配位原则, 中国语文, 第3期.
程　工(1995), 评『题元原型角色与论元选择』, 国外语言学, 第3期.
崔希亮(2002), 认知语言学：研究范围和研究方法, 语言文字学, 第12期.
范　晓・朱晓亚(1998), 三价动作动词形成的基干句模, 汉语学习, 第6期.
菲尔墨(2002), "格"辩, 商务印书馆.
高明乐(2003), 题元角色与题元角色理论, 现代外语, 第4期.
顾　阳(1994), 论元结构理论介绍, 国外语言学, 第1期.
郭聿楷(1999), 语义格与语义配价, 外语与外语教学(大连外国语学院学报), 第10期.
韩万衡(1997), 德国配价论主要学派在基本问题上的观点和分歧, 国外语言学, 第3期.
胡培安(2003), 名词和动词的范畴转换, 信阳师范学院学报, 第6期.
李得春(1992), 初级朝鲜语, 东北朝鲜民族出版社.
李得春・金祥元(1992), 速成朝鲜语自学读本(1, 2, 3), 延边人民出版社.
李得春(2002), 韩国语标准语法, 吉林人民出版社.
刘润清・胡壮麟(2001), 认知语言学概论, 外语教学与研究出版社.
刘　顺(2003), 现代汉语名词的多视角研究, 学林出版社.
陆俭明(1997), 配价语法理论和对外汉语教学, 世界汉语教学, 第1期.
潘国英(2005), 名词的语义特征和同语格的实现, 修辞学习, 第2期.
彭玉海(1998), 论题元, 中国俄语教学(季刊), 第2期.

沈家煊(1994), "语法化"研究综观, 外语教学与研究, 第4期.

沈家煊(1997), 语用・认知・言外义, 外语与外语教学 第4期.

沈家煊(1998), 实词虚化的机制, 当代语言学 第3期.

沈家煊(1998), 语用法的语法化, 福建外语(季刊) 第2期.

沈家煊(1999), 转指和转喻, 当代语言学 第1期.

沈家煊(2000), 认知语法的概括性, 外语教学与研究, 第1期.

沈家煊(2001), 语言的"主观性"和"主观化", 外语教学与研究, 第4期.

沈　阳(2000), 配价理论与汉语语法研究, 语文出版社.

宋培杰(2003), 名词的内涵意义和副名结构, 许昌学院学报, 第3期.

孙朝奋(1994), 『虚化论』评价, 国外语言学 第四期.

汤廷池・张淑敏(1996), 论旨网格、原参语法与机器翻译, 中国语文, 第4期.

王　寅(2003), 认知语言学与语篇分析, 语言文字学, 第8期.

王　珏(2001), 现代汉语名词研究, 华东师范大学出版社.

文　旭(1999), 国外认知语言学研究综观, 外国语(上海外国语大学学报), 第1期.

文　旭(2002), 认知语言学的研究目标、原则和方法, 外语教学与研究, 第2期.

熊仲儒(2005), 论元的句法实现, 语言文字学, 第6期.

徐烈炯・沈阳(1998), 题元理论与汉语配价问题, 当代语言学, 第3期.

杨成凯(1986), Fillmore的格语法理论, 中国社会科学出版社.

叶蜚声(1990),以认知为基础的汉语功能语法刍议(上，下), 国外语言学, 第4期.

袁　杰(1991), 『德语动词句法和语义配价词典』评介, 国外语言学, 第1期.

袁毓林(1992), 现代汉语名词的配价研究, 中国社会科学, 第3期.

袁毓林(1994), 一价名词的认知研究, 中国语文, 第4期.

袁毓林(1998), 汉语动词的配价研究, 江西教育出版社.

袁毓林(2001), 述结式配价的控制－还原分析, 中国语文, 第5期.

袁毓林(2002), 论元角色的层级关系和语义特征, 第3期.

袁毓林(2002), 名词代表动词短语和代词所指的波动, 中国语文, 第2期.

袁毓林・郭锐(1998), 现代汉语配价语法研究(第二辑), 北京大学出版社.

詹卫东(2004), 论元结构与句式变换, 语言文字学, 第7期.

张国宪(1994), 有关汉语配价的几个理论问题, 汉语学习, 第4期.

张国宪(2002), 三价形容词的配价分析与方法思考, 语言文字学, 第8期.

赵艳芳(2001), 认知语言学研究综述(一), 语言文字学, 第3期.

찾아보기

ㄱ ············

감각동사 166, 167
개념적 의미 22
격 여과 65
격 중출문 116
'견해, 논점'류 명사 82
결합가 59
경험주 87
경험주역 133
경험주의 18
공간명사 33, 34
공간역 90
공범주 119, 180
공시적 문법화 113
관계명사 26, 29, 84
관념 / 정감을 나타내는 2항명사 145, 146
구–층위 범주 63
기본 서술구조 134
기저구조 117, 119, 129, 131, 135, 142

ㄴ ············

내부논항 60, 64, 65, 104, 113, 114
내용역 15, 90

논리적 논항 54
논항 15, 16, 20, 38, 53, 54, 55, 56, 57, 58, 59, 66, 68, 69, 72,73, 74, 75, 76, 77, 78, 80, 81, 82, 85, 87, 88, 93, 94, 102, 104, 107, 113, 121, 147, 154, 159
논항생략 22, 162, 163
논항연쇄 75
논항표지 22, 94, 101, 107, 113

ㄷ ············

대상역 15, 67, 83, 90, 119, 120, 121, 127, 131, 169, 187, 188
대상역 우위성 105
'대하다' 문법화 112
도구역 15, 165, 166, 169
'되다'류 148
뒤섞기 120, 121, 122, 123, 124, 127, 128, 131, 132, 133, 141

ㅁ ············

먼 거리 공제 154
목적격 중출문 116, 135, 138, 139,

저자 권 진 홍(权震红)

중국 길림 출신, 조선족
중국 연변대학 조선언어문학학과 학사
중국 연변대학 亚非语言文学학과 석사
중국 연변대학 亚非语言文学학과 문학 박사
현재 중국 북경연합대학교 한국어학과 학과장

한국어 비서술성 명사의 논항 연구

초판 인쇄 2010년 5월 20일
초판 발행 2010년 5월 31일

지은이 권진홍
펴낸이 이대현
편 집 권분옥
펴낸곳 도서출판 역락
        서울 서초구 반포4동 577-25 문창빌딩 2층
        전화 02-3409-2058(영업부), 2060(편집부)
        팩시밀리 02-3409-2059
        이메일 youkrack@hanmail.net
        등록 1999년 4월 19일 제303-2002-000014호

ISBN 978-89-5556-835-6 93710
정 가 13,000원

* 잘못된 책은 교환해 드립니다.